História e cotidiano
na formação docente:
desafios da
prática pedagógica

O selo DIALÓGICA da Editora InterSaberes faz referência às publicações que privilegiam uma linguagem na qual o autor dialoga com o leitor por meio de recursos textuais e visuais, o que torna o conteúdo muito mais dinâmico. São livros que criam um ambiente de interação com o leitor – seu universo cultural, social e de elaboração de conhecimentos –, possibilitando um real processo de interlocução para que a comunicação se efetive.

História e cotidiano
na formação docente:
desafios da
prática pedagógica

Silvane Rodrigues Leite Alves

EDITORA
intersaberes

Av. Vicente Machado, 317, 14º andar – Centro
CEP: 80420-010 – Curitiba – PR – Brasil
Fone: (41) 2106-4170
www.intersaberes.com
editora@editoraintersaberes.com.br

Conselho editorial
Dr. Ivo José Both (presidente)
Drª. Elena Godoy
Dr. Nelson Luís Dias
Dr. Ulf Gregor Baranow

Editor-chefe
Lindsay Azambuja

Editor-assistente
Ariadne Nunes Wenger

Editor de arte
Raphael Bernadelli

Análise de informação
Wlader Celso Bogarin

Revisão de texto
Keila Nunes Moreira

Capa
Denis Kaio Tanaami

Projeto gráfico
Katiane Cabral

Diagramação
Mayra Yoshizawa

Ilustração da capa
Znort! Ilustradores

Iconografia
Danielle Scholtz

Dados Internacionais de Catalogação na Publicação (CIP)
(Câmara Brasileira do Livro, SP, Brasil)

Alves, Silvane Rodrigues Leite
  História e cotidiano na formação docente: desafios da prática pedagógica / Silvane Rodrigues Leite Alves. – Curitiba: InterSaberes, 2012. – (Série Pesquisa e Prática Profissional em Pedagogia).

  Bibliografia.
  ISBN 978-85-8212-071-2

  1. Brasil – Educação – História 2. Educação – Brasil 3. Ensino 4. Prática de ensino 5. Professores – Formação profissional I. Título. II. Série.

12-07621   CDD-370.71

Índices para catálogo sistemático:
1. Docência: Aprendizagem: Educação 370.71
2. Docência: Desenvolvimento profissional: Educação 370.71
3. Professores: Desenvolvimento profissional: Educação 370.71

1ª edição, 2012.

Foi feito o depósito legal.

Informamos que é de inteira responsabilidade da autora a emissão de conceitos.

Nenhuma parte desta publicação poderá ser reproduzida por qualquer meio ou forma sem a prévia autorização da Editora InterSaberes.

A violação dos direitos autorais é crime estabelecido na Lei nº 9.610/1998 e punido pelo art. 184 do Código Penal.

Sumário

Apresentação, 7
Organização didático-pedagógica, 11
Introdução, 13

1 A história da educação brasileira: aspectos relevantes para a formação docente, 17

Síntese, 40

Indicação cultural, 41

Atividades de autoavaliação, 41

Atividades de aprendizagem, 44

2 Herança educacional brasileira no século XX, 47

Síntese, 75

Indicação cultural, 76

Atividades de autoavaliação, 76

Atividades de aprendizagem, 79

3 Princípios pedagógicos do currículo de formação docente, 81

   Síntese, 110

   Indicações culturais, 111

   Atividades de autoavaliação, 112

   Atividades de aprendizagem, 114

4 Práticas educativas e sua importância no processo de ensino-
-aprendizagem, 115

   Síntese, 126

   Indicações culturais, 126

   Atividades de autoavaliação, 127

   Atividades de aprendizagem, 130

Considerações finais, 131

Referências, 133

Bibliografia comentada, 141

Respostas, 143

Sobre a autora, 147

Apresentação

Este livro foi concebido e gerado a fim de servir de suporte para futuros educadores brasileiros que desejem atuar de forma significativa na vida de seus alunos. Nele, buscamos apresentar, de maneira prática, a postura ideal do profissional da educação, que lida com seres humanos distintos e ávidos pelo conhecimento. Estimulamos a busca por estratégias eficazes de ensino, exemplificando o dia a dia de educadores que, apesar das deficiências – culturais, sociais e econômicas –, estão atuando
diariamente, tendo por objetivo formar indivíduos preparados para o exercício da cidadania, críticos e conscientes, bem como sabedores da importância da sua própria formação continuada e do exercício da leitura.

Entendemos que você, futuro professor, deve constantemente refletir sobre sua prática; e essa reflexão será melhor fundamentada através de uma permanente formação. Entendemos também que você conhece as implicações que a profissão tem, porém não desanima, mobilizando-se por meio de ações efetivas pela concretização do processo educativo, buscando a competência e a qualidade do trabalho, consciente da importância dessa tarefa na sua realização pessoal e na vida de seus alunos.

É nosso objetivo que esta obra seja útil às pessoas comprometidas com o ato gratificante de formar, informar, transmitir saberes, lições e, principalmente, afeto. Esperamos contribuir para a formação desse profissional engajado, determinado e convicto de sua importância, ciente de que é pela educação que poderemos construir um mundo melhor, mais humano e digno.

Que seja essa a consciência de todos nós, companheiros de jornadas, professores e educadores, que fazemos parte desse grande teatro real que é a escola.

A obra está estruturada em quatro capítulos de reflexão continuada, mas tem a prática como meta, trazendo exemplos de atitudes e atividades que possam colaborar para o objetivo principal a que se dispõe: levá-los a compreender suas deficiências e estimular a busca por um bom desempenho discente.

No primeiro capítulo, intitulado "A história da educação brasileira: aspectos relevantes para a formação docente", procuramos analisar, de maneira sucinta, a legislação educacional brasileira no tocante à educação, priorizando o período de maior efervescência em prol da educação popular: o final do Império até o início do século XX. Isso porque acreditamos que as bases da escola no Brasil foram estabelecidas no período compreendido entre o final do Império e a implantação do regime republicano. Tal constatação baseou-se na análise dos discursos e das práticas dos políticos republicanos em prol da escolarização, sabedores de que "é pela lei que se pretende elevar o país ao nível do século. Isto é, enquadrá-lo nos moldes da 'nação fonte da civilização'" e, ainda, de que "é pela lei que a renovação tentará se impor, quando as correntes renovadoras possuem poder político para dominar os corpos legislativos" (Reis Filho, 1998).

No segundo capítulo, intitulado "Herança educacional brasileira no século XX", procuramos realizar um balanço da história recente da educação no Brasil. Algumas questões, como a feminização do magistério e a criação dos grupos escolares, foram abordadas para proporcionar ao leitor a ideia de que alguns projetos deste último século continuam inacabados e que outros, apesar da grandiosidade, foram esquecidos na burocracia.

No terceiro capítulo, intitulado "Princípios pedagógicos do currículo de formação docente", buscamos, por meio de diversos autores contemporâneos, relacionar os princípios pedagógicos que devem nortear a formação dos professores, com o objetivo de quebrar essa cadeia de má-formação existente, mostrando que há profissionais que se destacam, apesar das deficiências, pois há um envolvimento genuíno com a melhoria da qualidade.

Por fim, no quarto e último capítulo, intitulado "Práticas educativas e sua importância no processo de ensino-aprendizagem", procuramos abordar algumas práticas educativas aplicadas com sucesso por profissionais da educação, as quais podem contribuir para o objetivo maior desta obra – a formação de professores em nível médio, o trabalho como princípio educativo e a práxis como princípio curricular – e impulsionar a busca por uma postura responsável pela condução, pelo estímulo e pela participação do professor em sua formação, bem como na formação intelectual de milhares de alunos, garantindo o direito da criança ao atendimento escolar. Isso porque somos sabedores de que, enquanto educadores, estaremos influenciando muito mais com a nossa maneira de agir do que com os conteúdos que explicamos.

Organização didático-pedagógica

Esta seção tem a finalidade de apresentar os recursos de aprendizagem utilizados no decorrer da obra, de modo a evidenciar os aspectos didático-pedagógicos que nortearam o planejamento do material e como o aluno/leitor pode tirar o melhor proveito dos conteúdos para seu aprendizado.

Introdução do capítulo

Logo na abertura do capítulo, você é informado a respeito dos conteúdos que nele serão abordados, bem como dos objetivos que a autora pretende alcançar.

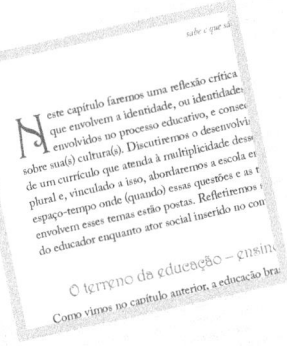

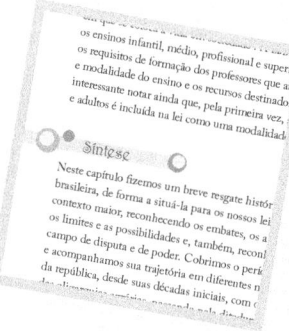

Síntese

Você conta nessa seção com um recurso que o instiga a fazer uma reflexão sobre os conteúdos estudados, de modo a contribuir para que as conclusões a que você chegou sejam reafirmadas ou redefinidas.

Indicações culturais

Ao final do capítulo, a autora lhe oferece algumas indicações de livros, filmes ou *sites* que podem ajudá-lo a refletir sobre os conteúdos estudados e permitir o aprofundamento em seu processo de aprendizagem.

Atividades de autoavaliação

Com essas questões objetivas, você mesmo tem a oportunidade de verificar o grau de assimilação dos conceitos examinados, motivando-se a progredir em seus estudos e a preparar-se para outras atividades avaliativas.

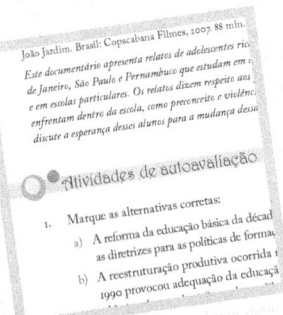

Atividades de aprendizagem

Aqui você dispõe de questões cujo objetivo é levá-lo a analisar criticamente um determinado assunto e integrar conhecimentos teóricos e práticos.

Bibliografia comentada

Nessa seção, você encontra comentários acerca de algumas obras de referência para o estudo dos temas examinados.

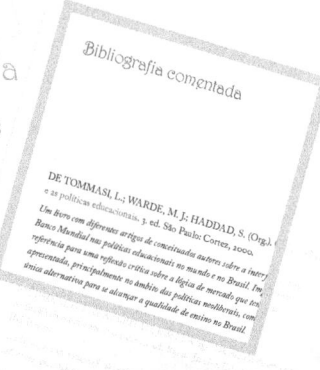

Introdução

Ao longo da minha trajetória como educadora, procurei equilibrar o prazer de estar com os alunos com o cumprimento do cronograma de atividades teóricas e práticas estabelecidas para o ano letivo.

É certo que o prazer para mim não é fruto só das aulas e do que trazem os alunos, mas, principalmente, das relações estabelecidas, das teias de significados construídos nos diversos espaços que têm margeado meu processo de aquisição de conhecimento. Dentre elas, merecem destaque as amizades que foram sendo construídas ao longo dos anos escolares – algumas que se consolidaram e se mantiveram, outras que não se sustentaram por conta de diferenças ideológicas, conceituais ou de visões de mundo.

Mas minha relação com os alunos, meus posicionamentos em sala de aula, minha maneira informal de conduzir as aulas eram "entornos", detalhes que, na verdade, pesavam mais que a própria teoria que trazia para ser discutida na sala. Porém, só fui perceber essa questão quando comecei a refletir sobre a minha prática pedagógica, sobre o meu fazer, e pude constatar que o cotidiano escolar é constituído de diferentes maneiras de fazer acontecer e que a aula não se processa sozinha, ela é resultado da interação entre professor e aluno.

Desde o início da carreira docente tinha ideia da fragilidade da profissão, bem como a consciência de que muitas pessoas a exerciam sem o preparo específico, apenas como um "quebra-galhos", por falta de melhores opções. Tinha também uma ligeira noção da falta de organizações profissionais fortes, como sindicatos, que poderiam dar suporte a esses profissionais, controlar e reforçar a criação de um código de ética próprio, bem como auxiliar na resolução de outros problemas que deixam a situação do professor cada vez mais fragilizada.

Diante dessa constatação, minha preocupação e meu envolvimento na busca pela melhoria da qualidade da formação dos profissionais da educação começaram a tomar forma.

Procurei, então, por meio de leituras e conversas com profissionais, delimitar o porquê dessa fragilidade. Nessas conversas, ficava clara a manutenção da ideia de que a docência é um sacerdócio, uma vocação ou missão, em que o profissional deveria doar-se àquela causa, colocando sua vida pessoal em segundo plano. Percebi que essa situação só poderia ser mudada se começássemos a pensar a docência como profissão. Para tanto, era preciso pensar a formação desse professor, enfatizando o processo de construção de uma identidade profissional – atravessada por inúmeras dificuldades e incontáveis obstáculos, mas norteada pelo domínio dos conteúdos pedagógicos e específicos de forma refletida, crítica e transformadora.

Apesar dessa constatação teórica, percebi-me envolvida na necessidade de adotar atitudes práticas. Como proceder? Quais atividades empíricas levariam esse professor a avaliar sua formação? Qual a melhor forma de avaliar sua prática? As indagações foram aumentando à medida que me aprofundava nas leituras. E, então, fui percebendo a importância de um distanciamento mínimo da prática para enxergá-la numa ótica investigativa, e aí entra a pesquisa e a constante busca por uma formação continuada como mola propulsora da formação e também como instrumento de valorização profissional, pois um profissional com maior conhecimento e, portanto, mais bem preparado, fortalece a categoria e permite a atuação como agente autônomo de sua prática.

Assim, na busca pela excelência na formação dos educadores, este livro trata da questão da postura do professor na condição de responsável pela condução, pelo estímulo e pela participação na sua formação, bem como na formação intelectual de milhares de alunos, influenciando mais com sua maneira de agir do que com a explicação dos conteúdos.

Nessa perspectiva, um dos objetivos desta obra é levantar questionamentos que venham desconstruir paradigmas engessados e aplicados de maneira mecânica por muitos educadores. Embora estes se mostrem ineficientes na transmissão do conhecimento, são justificados, em parte, pela falta de interesse dos alunos e, em boa parte, pela carência ou ausência de uma formação adequada. Para tanto, caminharemos ao lado de autores e estudos que venham a colaborar para que esses paradigmas sejam avaliados e reestruturados, dando aos educadores novas concepções do "fazer a educação" e do "educar".

Minha pretensão inicial foi articular o contexto histórico e suas implicações – reais – na formação dos educadores dentro do cotidiano escolar. Para tanto, aponto caminhos já trilhados, dando subsídios para que situações já vivenciadas possam contribuir para a superação de novas situações, partindo do princípio de que os problemas e os obstáculos não são solúveis, mas devem ser eliminados do nosso caminho – ação que consiste na superação desses limites e na incorporação desta à nossa existência, tornando nossa condição de superação cada vez mais apurada.

Vivemos em um mundo denominado *pós-moderno*, no qual se valoriza o imediato e o racional. No entanto, como educadores, devemos adotar uma postura de análise demorada e vigilância crítica, recuperando o significado da razão, articulada ao sentimento, aos sentidos, à memória e à imaginação, unindo ensino e afeto no espaço pedagógico.

Tenho consciência de que esta obra não esgotará as questões aqui tratadas, mas acredito que servirá de início para um posicionamento diante do saber fazer ou do querer aprender a fazer, levando em consideração as contribuições dos diversos autores que vêm se debruçando sobre a questão da formação do professor e de suas implicações na educação como um todo. Que os argumentos utilizados aqui possam contribuir para uma busca permanente pela formação e consequente reflexão crítica de sua prática, pois acredito ser esse o caminho para uma significativa melhoria da qualidade da educação deste país. Essa reflexão deve ser uma prática social, a qual deve aliar teoria e prática e ser compartilhada no coletivo.

A história da educação brasileira: aspectos relevantes para a formação docente

O propósito deste capítulo é, resumidamente, analisar a legislação educacional brasileira no que diz respeito à educação, priorizando o período de maior efervescência em prol da educação popular – o fim do período imperial até o início do século XX. Cremos assim que as bases da escola no Brasil foram estabelecidas no período compreendido entre o final do Império e o início da República. Chegamos a essa constatação por meio da análise dos discursos e das práticas dos políticos republicanos em prol da escolarização.

A Constituição da República Federativa do Brasil, promulgada em 5 de outubro de 1988, em seu art. 205 diz que

[...] a educação, direito de todos e dever do Estado e da família, será promovida e incentivada com a colaboração da sociedade, visando ao pleno desenvolvimento da pessoa, seu preparo para o exercício da cidadania e sua qualificação para o trabalho. (Brasil, 1988)

Mas será que sempre foi assim?

A análise da legislação educacional e da história da educação brasileira nos mostra que houve um processo lento e gradual para se chegar a esse ponto. Porém, não devemos nos enganar com o que diz a lei, porque sabemos que, para colocá-la em prática, há uma demanda de esforços de toda a sociedade, e essa participação popular está longe de acontecer.

No entanto, ao analisarmos a legislação e a compararmos com o que ocorreu, poderemos enxergar alguns avanços significativos, bem como alguns retrocessos.

> Sabemos que a história do Brasil remonta ao período pré-histórico, uma vez que aqui já habitavam os nativos com suas crenças e tradições, quando da chegada dos colonizadores portugueses no início do século XVI. A partir desse momento, a história do Brasil inicia uma nova fase, pois os colonizadores detinham o conhecimento da escrita e passaram a registrar os acontecimentos sob a ótica do colonizador.
>
> A educação, até esse momento, resumia-se à transmissão do conhecimento de geração a geração, por meio dos mais velhos.

A necessidade latente de dominar a população existente no território brasileiro foi, em parte, alcançada com a vinda da Companhia de Jesus junto com Tomé de Souza ao Brasil, apoiados por D. João III, então rei de Portugal, o qual ditou as diretrizes básicas para a colônia por meio de um regimento datado de 17 de dezembro de 1548, que incluía a questão educacional, especificamente a conversão dos indígenas à fé católica pela catequese e pela instrução. De acordo com Ribeiro (2001), naquele momento a organização escolar na colônia estava vinculada à política colonizadora dos portugueses, ou seja, o objetivo dos colonizadores era o lucro e cabia aos nativos e à população colonial propiciar tais lucros às camadas dominantes metropolitanas.

No contexto social, o Brasil possuía uma pequena nobreza dirigente, os índios e os negros. O regimento era claro no tocante à educação indígena por meio da catequese e da instrução.

No entanto, a quem caberia a instrução do restante da população?

Padre Manoel da Nóbrega

O primeiro plano educacional, elaborado pelo Padre Manoel da Nóbrega, sinalizou a necessidade de incluir os filhos dos colonos, sendo que, naquele momento, os educadores existentes eram somente os padres jesuítas que, por sua vez, contavam com o apoio real na colônia. O plano educacional foi elaborado, então, com o intuito de abranger toda a população em idade escolar: os filhos dos caciques, os mamelucos, os órfãos e os filhos dos colonos brancos; na prática, esse plano começava pelo ensino do idioma português, da doutrina cristã e das habilidades de ler e escrever. Essa era a formação básica. A continuidade era opcional e incluía ensino de canto orfeônico (coral), música instrumental, aprendizado profissional e agrícola, aulas de gramática e, por fim, viagem de estudos à Europa.

Precisamos esclarecer que a educação na colônia estava restrita às crianças do sexo masculino, ou seja, os meninos índios, filhos de colonos e da nobreza existente. As mulheres e os primogênitos estavam excluídos dessa educação. Elas estavam destinadas apenas às prendas domésticas; já os primogênitos deveriam assumir a administração das terras, pois acreditava-se que a educação formal não os habilitaria para tal tarefa. As habilidades necessárias eram desenvolvidas pelas próprias famílias, visando ao interesse de cada uma. Já os demais filhos se destinariam à Igreja ou ao militarismo. Tais atividades necessitavam da leitura e da escrita, bem como do domínio da oratória – para os sermões, o convencimento e a elaboração de estratégias de guerra.

A Companhia de Jesus deteve a instrução no Brasil Colônia durante dois séculos, até 1759, quando a administração do governo português passou às mãos de Sebastião José de Carvalho e Melo, o **Marquês de Pombal**. Este percebeu que a união entre o governo português e os jesuítas resultou em benefício maior destes últimos. O poder da Igreja dentro da colônia se sobrepunha ao da Coroa, pois, além da dominação pela conversão e pela fé, havia o patrimônio grandioso acumulado durante esse período, bem como o número de colégios, seminários e missões

> O poder da Igreja dentro da colônia se sobrepunha ao da Coroa, pois, além da dominação pela conversão e pela fé, havia o patrimônio grandioso acumulado durante esse período, bem como o número de colégios, seminários e missões existentes.

existentes. Há variação entre os autores, mas estima-se a existência de, no mínimo, 20 colégios, 12 seminários, 36 missões, entre outros (Ribeiro, 2001, p. 28).

A administração do Marquês de Pombal pautou-se pela recuperação da economia por meio da concentração do poder real e da modernização da cultura portuguesa. Era preciso, então, ampliar o aparelho administrativo, a fim de fiscalizar as atividades desenvolvidas na colônia. Para desempenhar essas funções, tornava-se necessário o domínio das técnicas de leitura e escrita, e o Estado passava a oferecer esse ensino público que formava o indivíduo para e pelo Estado.

De acordo com Ribeiro (2001), a partir de 1759, para lecionar nas escolas públicas ou particulares, era preciso prestar exame e obter licença do diretor-geral dos estudos, cargo criado com o Alvará de 28 de junho de 1759. O ensino fundamental pouco foi afetado, permanecendo isolado da realidade, o que ocasionou a contratação, pelas famílias mais abastadas, de padres para ministrarem a educação de seus filhos. Já o ensino secundário passou a acontecer mediante aulas avulsas – as aulas régias – de Latim, Grego, Filosofia e Retórica, esta última com a finalidade de ser útil ao contato entre as pessoas no cotidiano. O ensino superior continuou a ser realizado somente por aqueles que tinham condições de cursar uma universidade europeia.

> As denominadas *reformas pombalinas* foram muito combatidas, pois mudanças substanciais estavam ocorrendo na estrutura social brasileira e não se observavam resoluções reais dos problemas que, por sua vez, somente se agravavam. Um desses problemas era a relação de submissão externa da colônia à metrópole e de submissão interna da população negra e mestiça à minoria branca nas relações de trabalho e familiares, o que bloqueava as manifestações naturais de descontentamento. Outro problema era a falta de uma estrutura de ensino.

As mudanças ocorridas na Europa, após a Revolução Francesa (1789), refletiram diretamente na colônia. É desse período a decisão pela transferência da sede da metrópole para o Brasil: em 1808, a família real portuguesa deslocou-se para o Brasil, trazendo consigo aproximadamente 15 mil pessoas. Tornou-se urgente a adoção de medidas que atendessem a essa população no campo intelectual. Assim, foram criados a Imprensa Régia em 1808, a Biblioteca Pública e o Jardim Botânico em 1810, o Museu Nacional em 1818, entre outros.

Figura 1.1 – O príncipe regente de Portugal e toda a família real embarcando para o Brasil no cais de Belém

L'Évêque, Henry, 1769-1832; Bartolozzi, Francesco, 1728-1815, ca. 1813. Gravura, 32,2 × 51 cm. Biblioteca Nacional de Portugal.

Quanto à educação, a preocupação era com a criação de cursos ou aulas específicas, visando preparar para as diversas necessidades da colônia, como cursos para oficiais, engenheiros civis, militares e, posteriormente, serralheiros, oficiais de lima e espingardeiros, bem como cirurgiões, anatomistas e médicos, economistas, agricultores, botânicos, químicos, geólogos, minerólogos, desenhistas técnicos, entre outros. Para Ribeiro (2001), esses cursos representam o início do nível superior no Brasil, porém não houve mudanças nos níveis escolares básicos.

Podemos concluir que, nesse período da história da educação brasileira, o ensino primário resumia-se à escola de primeiras letras (ler, escrever e contar). No ensino secundário, permaneceram as aulas régias – nas disciplinas de Latim, Matemática, Desenho, História, Retórica, Filosofia, Inglês e Francês –, espalhadas pelas então cidades de maior poderio econômico, como Olinda e Recife (Pernambuco), Vila Rica e Paracatu (Minas Gerais) e Rio de Janeiro.

> Com a autonomia política alcançada pela colônia em 1822, fazia-se necessária a elaboração de uma Constituição. E ela se tornou real em 1824, nos moldes da Constituição Francesa de 1791. O tema "educação" é inserido na Carta Magna com a garantia do oferecimento da instrução primária gratuita a todos os cidadãos.

Não devemos esquecer quem são os cidadãos nesse momento da história brasileira: aqueles que tinham como provar a posse de determinada renda. Podemos entender que estávamos longe da ideia de implantação de um sistema nacional de educação, tal como ocorreu nos momentos que antecederam a promulgação da Constituição de 1824, quando havia uma preocupação com a instrução popular como meio de habilitação dos homens para a cidadania. Segundo Boto (1999, p. 2), era um projeto avançado para uma sociedade excludente, escravocrata e estamental, que mantinha um discurso exuberante e uma prática acanhada, ou seja, que desde suas origens possuía uma concepção de educação popular que não passava de propostas teóricas com uma prática tímida, colocando-se além das possibilidades de realização dessa sociedade.

A única lei geral relativa ao ensino elementar é a de 15 de outubro de 1827 – data em que se comemora o Dia do Professor –, a qual perdurará até 1946. É ela que nos mostra os limites impostos à organização educacional em nosso país. Nela está presente a ideia da educação como dever do Estado, a necessidade de criação de escolas de primeiras letras por todo o território brasileiro e a instituição da escola primária também para as mulheres, com o ensino das prendas e da economia domésticas, bem como das quatro operações.

> *Mas qual é a demanda a ser atendida por essas escolas de primeiras letras em um país cuja maioria da população era escrava?*

Não é preciso pensar muito para responder a esse questionamento: os alunos se resumiam aos filhos dos homens livres. Preocupado em educar a elite brasileira, o regime imperial pouco fez em relação à educação elementar no Brasil. Calcula-se que menos de 10% da população tinha acesso à instrução primária, que se reduzia às aulas de leitura, escrita, cálculo e ensino religioso, e isso somente na sede do governo central, no Rio de Janeiro. Às classes populares restavam as parcas escolas de primeiras letras, muito embora não houvesse um interesse relevante pela educação.

A educação era limitada aos meninos. De acordo com Ribeiro (2001), a maioria das mulheres era analfabeta, com exceção de uma pequena minoria que era preparada na família pelos pais e preceptores, limitando-se às primeiras letras e ao aprendizado das prendas domésticas e de boas maneiras. Acrescenta o autor: "a educação não contou com verbas suficientes que possibilitassem ao final do século XIX, um atendimento pelo menos elementar da população em idade escolar" (Ribeiro, 2001, p. 58).

Levando em consideração as questões econômicas pelas quais o Brasil passava naquele momento, como a concorrência inglesa aos produtos manufaturados, o resultado foi o adiamento da implantação de um projeto de organização escolar, pois este não era visto como prioridade ou de interesse da nação.

E os professores das escolas de primeiras letras?

Eram poucos e, em sua maioria, despreparados para o exercício do magistério e sem nenhum respaldo do poder público, o que causava um total desinteresse pela carreira ou ainda pelo aperfeiçoamento ou formação. A classe econômica mais favorecida e os políticos da época estavam mais interessados nos cursos superiores, pois eram estes que formariam a futura elite dirigente do país. Mesmo assim, de acordo com Romanelli (1993), foram criadas as escolas normais no Brasil: em Niterói (1835), na Bahia (1836), no Ceará (1845) e em São Paulo (1846). Nelas, o curso durava, em média, dois anos e equivalia ao nível secundário.

Em 1854, estabeleceu-se o Regulamento da Instrução Pública Primária e Secundária no Município da Corte, documento que delimitava o público-alvo do ensino primário e secundário: a "população livre e vacinada, não portadora de moléstias contagiosas" (Schueler, 1999, p. 6). O regulamento estabelecia, ainda, a obrigatoriedade do ensino primário aos alunos com idade entre 5 e 14 anos e previa a aplicação de multas aos responsáveis pela criança que não frequentasse a escola.

> Em 1879, **Leôncio de Carvalho** refletiu sobre uma nova reforma da instrução pública e propôs: liberdade de ensino, seguindo os moldes da educação europeia; incompatibilidade do exercício do magistério com outros cargos públicos; oferta de melhores condições de materiais e garantias profissionais aos professores; liberdade de frequência por parte dos alunos dos cursos secundários e superiores; liberdade de credo religioso aos alunos e liberdade de abertura ou organização de colégios com tendências pedagógicas diferenciadas.

Apesar de não ter sido promulgada, as ideias propostas na denominada *Reforma Leôncio de Carvalho* foram difundidas, porém com poucas consequências práticas.

Outra proposta foi elaborada, em 1882, por Rui Barbosa, enquanto este ocupava o cargo de relator da Comissão de Instrução Pública da Câmara dos Deputados, denominada *Pareceres*, a qual versava sobre a "reforma do ensino primário e várias instituições complementares da instrução pública" e sobre o "projeto do ensino primário". O pensamento pedagógico de Rui Barbosa reflete a perspectiva do ideário liberal sobre a educação no final do Império e vai repercutir nas discussões travadas sobre instrução pública durante a vigência da Primeira República. Essas discussões representam, para a história da educação, talvez o primeiro grande diagnóstico da situação real do ensino no país (Boto, 1999).

Nesse período, havia em todo o Império, com exceção do município neutro*, 6.180 escolas primárias, das quais 3.597 eram destinadas a crianças do sexo masculino, 2.186 a crianças do sexo feminino e 92 não foram discriminadas

> O pensamento pedagógico de Rui Barbosa reflete a perspectiva do ideário liberal sobre a educação no final do Império e vai repercutir nas discussões travadas sobre instrução pública durante a vigência da Primeira República. Essas discussões representam, para a história da educação, talvez o primeiro grande diagnóstico da situação real do ensino no país (Boto, 1999).

---

* Após a transferência da corte portuguesa para a cidade do Rio de Janeiro, esta passou a ser a capital do Império e o centro administrativo das demais províncias do reino, de onde eram enviados os avisos para as Câmaras Municipais. Por ser o centro administrativo, possuía uma Câmara Municipal que não sofria interferência do presidente da província. Em virtude dessa autonomia, foi transformada em Município Neutro. Após a implantação da República, houve alteração na denominação, passando a *Distrito Federal*, e as províncias, a *estados* (Rio de Janeiro, 2010).

(jornal Imprensa Ytuana, 1876-1901). O total de alunos era de 186.907, havendo, em média, 30 alunos por escola.

Para entendermos esses números, precisamos ter em mente o número de habitantes do Brasil nesse período: cerca de 20 milhões. Então, aproximadamente, apenas 0,93% da população tinha acesso à educação.

Ao final do Império, em seu último discurso, Sua Majestade, o Imperador D. Pedro II, pediu empenho para a criação de um ministério destinado aos negócios da instrução pública, passando adiante o ônus da expansão da oferta de escolas aos brasileiros. Mas todo o processo caminhou a passos lentos. Em 1889, chegamos ao índice de 12% da população em idade escolar frequentando as escolas. Em São Paulo, nesse mesmo período, para cada mil habitantes, havia 247 letrados (Marcilio, 2005, p. 163). No entanto, o índice de analfabetismo no Brasil chegava a 80%. De acordo com Ribeiro (2001), a instrução primária atendia a apenas um décimo da população (Marcilio, 2005, p. 57).

> Você pode concluir, com os fatos examinados até este ponto, que, durante o período imperial, em se tratando de educação, poucas mudanças substanciais ocorreram. Vejamos, então, o que nos traz a República.

Com a instauração da República, em 1889, há a criação de um ministério voltado às questões da instrução pública, tendo como ministro **Benjamin Constant Botelho de Magalhães**. Em 1890, é sancionado o Decreto nº 510, do Governo Provisório da República, que, em seu art. 62, item 5º, determina que o ensino passe a ser "leigo e livre em todos os graus e gratuito no primário". Há, ainda, uma descentralização do poder político, que vai refletir na educação. De acordo com a Constituição de 1891, art. 35, parágrafos 2º a 4º, que vigorou até 1930, à União competia legislar sobre o ensino superior e secundário nos estados e na capital da República e aos estados era permitido organizar os sistemas escolares primário, normal e secundário. Se realizarmos um estudo comparado com o Ato Adicional de 1834, essas orientações se mantiveram, pois não houve mudança substancial quanto a essa questão.

A organização escolar na República, proclamada em 1889, foi fortemente influenciada pela filosofia positivista. A instrução popular era considerada estratégia imprescindível à marcha do progresso. Era o momento de transformar os súditos em cidadãos. O ideário republicano mostrava-se incompatível com a ignorância do povo, que deveria ser educado para o exercício da vida democrática.

Benjamin Constant Botelho de Magalhães

Embora os discursos em defesa da instrução popular tenham permeado da colônia ao Império, é no período republicano que a escola adquire centralidade política, difundindo-se a ideia de que seria a grande promotora da equalização nacional (Souza, 1998a, p. 18). Salientamos que, ao falar em *educação popular*, estamos entendendo-a como a educação primária destinada ao povo por excelência.

A reforma idealizada por Benjamin Constant, decretada em 1890 e colocada em prática em 1891, tinha como princípios orientadores a liberdade, a laicidade e a gratuidade do ensino primário. Esses princípios seguiam a orientação estipulada na Constituição Republicana de 24 de fevereiro de 1891,

> Nós, os representantes do povo brasileiro, reunidos em Congresso Constituinte, para organizar um regime livre e democrático, estabelecemos, decretamos e promulgamos [...]. Art. 35 – Incumbe, outrossim, ao Congresso, mas não privativamente [...]. § 2º animar no país o desenvolvimento das letras, arte e ciências, bem como a imigração, a agricultura, a indústria e comércio, sem privilégios que tolham a ação dos governos locais; § 3º criar instituições de ensino superior e secundário nos Estados; § 4º prover a instrução pública secundária no Distrito Federal. (Brasil, 1891)

Uma das intenções da Reforma Benjamin Constant era transformar o ensino em formador de alunos para os cursos superiores e não apenas preparador. Intencionava, ainda, substituir a predominância literária pela científica. No entanto, na prática ocorreu apenas o acréscimo de matérias científicas, tornando o ensino enciclopédico. De acordo com essa reforma, a escola primária seria organizada da seguinte maneira:

- 1º grau – para crianças de 7 a 13 anos;
- 2º grau – para crianças de 13 a 15 anos; escola secundária – com duração de 7 anos;
- nível superior.

Dessa forma, o objetivo de tornar as etapas do ensino "formadoras", e não "preparadoras", seria, portanto, atingido.

É evidente que o regime republicano colocou na educação sua propaganda ideológica, difundindo ideias avançadas para o período e propagando a ideologia "segundo a qual a escola seria o 'lócus' de promoção da equalização social" (Souza, 1998a, p. 18). Porém, essa suposta "preocupação" com a educação primária, ou o letramento do povo,

> na visão das elites dirigentes, tinha um caráter eminentemente político. A educação consistia no instrumento de formação do cidadão republicano, vinculava-se, portanto, à sobrevivência e consolidação do novo regime. (Souza, 1998b, p. 27)

Portanto, um era o discurso, outra era a prática.

> Comparado com a situação anterior à proclamação da República, muito foi feito durante as primeiras décadas desse século [XX] em relação à educação popular. Por outro lado, nesse mesmo período avolumaram-se a demanda, a insuficiência de vagas e os problemas do ensino público paulista. No final dos anos 20, a democratização do ensino, assim como outros ideais liberais republicanos, tornara-se uma quimera. (Souza, 1998a, p. 49)

No final da Primeira República, mediante o entusiasmo educacional e o otimismo pedagógico, a educação é percebida como instrumento de correção do processo evolutivo da sociedade brasileira e força propulsora do progresso. Várias iniciativas federais e estaduais surgem nesse período, crentes nos poderes da escolarização. O objetivo durante as décadas iniciais do século XX era o de "exterminar o analfabetismo ou, em parte, disseminar a instrução primária entre a grande massa da população inculta e analfabeta" (Nagle, 2001, p. 176). Com relação ao ensino superior, é criada a Universidade do Rio de Janeiro e concedida a autorização para a criação de universidades nos estados.

> Os índices apontam que, em 1889, quando da Proclamação da República, apenas 12% das crianças em idade escolar estavam matriculadas em escolas públicas. Já em 1930, esse percentual cresce para cerca de 30%.

Atentando para esses índices, podemos concluir que houve acréscimo quantitativo – considerando o número de crianças que passaram a frequentar os bancos escolares no novo regime – e qualitativo – levando em conta o que as escolas de primeiras letras foram, paulatinamente, substituídas pela escola graduada, com o aparecimento dos primeiros grupos escolares.

Até 1870, a legislação do ensino brasileiro era modelada pela França. Já no período denominado *Ilustração brasileira*, predominavam os estudos de uma educação comparada, procurando-se discernir, numa visão panorâmica, o quadro de inovação dos países mais adiantados.

Um exemplo são os argumentos contidos nos pareceres sobre a "reforma do ensino primário e várias instituições complementares da instrução pública" de Rui Barbosa, em favor da educação pública popular, que denotam claramente a necessidade de "disseminar as luzes para desterrar a ignorância, para habilitar cidadãos para seus efetivos direitos em direção ao aperfeiçoamento das novas instituições jurídicas" (Boto, 1999, p. 4) e, ainda, a crença no ensino elementar como vital, poderoso e indispensável (Reis Filho, 1995).

A denominada República Velha, ou Primeira República, período que compreende os anos de 1889 a 1930, é marcada pela descentralização do ensino e por diversas reformas, porém nada que contribuísse significa-tivamente para uma real mudança educacional. O segundo período repu-blicano, entre os anos de 1930 e 1964, foi marcado por várias revoluções e por uma efervescência de ideias, do que são exemplos o Manifesto dos Pioneiros* e a

> No final da Primeira República, mediante o entusiasmo educacional e o otimismo pedagógico, a educação é percebida como instrumento de correção do processo evolutivo da sociedade brasileira e força propulsora do progresso.

* Documento escrito por 26 educadores, em 1932, sob o título *A reconstrução educacional no Brasil: ao povo e ao governo*. Circulou em âmbito nacional com a finalidade de oferecer diretrizes para uma política de educação fundamentada no interesse do indivíduo (Menezes; Santos, 2002).

Escola Nova*, que entendiam ser a educação um instrumento de reconstrução nacional.

Em consulta à legislação, com a instauração da República em 1889, há a criação de um ministério voltado às questões da instrução pública, tendo como ministro Benjamin Constant Botelho de Magalhães. O ensino passa a ser "leigo e livre em todos os graus e gratuito no primário" (Decreto 510, art. 62, item 5º, do Governo Provisório da República, 1890).

Esse momento é marcado pela descentralização do poder político, que vai refletir diretamente na educação, alterando muito pouco o quadro traçado no período imperial.

Na concepção republicana, fortemente influenciada pela filosofia positivista**, a instrução popular era considerada estratégia imprescindível à marcha do progresso. Segundo Ribeiro (2001), o novo regime foi utilizado para atender a antigos fins, ou seja, aos interesses da camada senhorial, o que ocasionou uma união entre a camada média, formada pelos militares, e a camada dominante, com um isolamento do restante da população, principalmente a rural. Curiosamente, era esta última que produzia a riqueza, pois constituía a mão de obra que trabalhava na lavoura cafeeira, base da economia.

---

* Movimento de renovação do ensino, inspirado nas ideias de Rousseau, Heinrich Pestalozzi e Freidrich Fröebel, divulgado na América por John Dewey e na Europa por Edouard Claparède e Adolphe Ferrière. No Brasil, as ideias da Escola Nova foram introduzidas por Rui Barbosa e, posteriormente, por Lourenço Filho e Anísio Teixeira, após a divulgação do Manifesto dos Pioneiros da Educação Nova, de 1932. Em linhas gerais, os pensadores da Escola Nova defendiam tornar a escola um local prazeroso, de trocas de conhecimentos, assemelhando-se a pequenas comunidades e não a meros locais de transmissão do conhecimento, e que esta também deveria se adaptar à criança, e não o contrário (Glossário Pedagógico E-Educacional, 2007).

** Durante o século XIX, desenvolveu-se o pensamento positivista, tendo em Auguste Comte seu principal articulador. Para os positivistas, o trabalho da filosofia é mera síntese dos resultados das diversas ciências particulares, não cabendo ao filósofo teorizar sobre "ideias sem conteúdo". A ciência é considerada o único conhecimento possível, e o método das ciências da natureza, o único válido, devendo ser estendido a todos os campos da indagação humana (Aranha; Martins, 1993).

A educação passou por uma série de reformas durante os primeiros anos da República. Em 1901, com o **Código Epitácio Pessoa**, houve uma ênfase na literatura, incluindo a lógica e retirando-se a biologia, a sociologia e a moral. Já em 1911, a **Reforma Rivadávia**, que procurou dar um caráter prático ao estudo das disciplinas, dando ênfase à liberdade de ensino e à frequência, defendendo a abolição do diploma e em seu lugar apenas a emissão de um certificado de aproveitamento, defendia que o ensino secundário se tornasse formador de cidadãos e não apenas de candidatos ao nível seguinte. Os resultados não foram favoráveis e vieram outras reformas, como a de Carlos Maximiliano, em 1915, e a de Luis Alves e Rocha Vaz, em 1925.

Para Ribeiro (2001), essas reformas apenas confirmaram que esses cursos, idealizados em modelos importados de realidades diferentes da realidade brasileira, somente conseguiram "formar um pessoal sem a instrumentação teórica adequada à transformação da realidade em benefício de interesses da população como um todo" (Ribeiro, 2001, p. 80).

Sem poder influenciar as tomadas de decisão, professores e alunos viviam momentos de improviso, solucionando os problemas diários da maneira que podiam. E isso vai se refletir no aumento do analfabetismo no Brasil, que chegou ao índice de 65% da população de 15 anos para cima.

Confira, no quadro a seguir, o índice de analfabetismo da população brasileira entre 1890 e 1920:

Quadro 1.1 – O índice de analfabetismo da população brasileira entre 1890 e 1920

Especificação	1890	1900	1920
Total	14.333.915	17.388.434	30.635.605
Sabem ler e escrever	2.120.559	4.448.681	7.493.357

Especificação	1890	1900	1920
Não sabem ler e escrever	12.213.356	12.939.753	23.142.248
% de analfabetos	85%	75%	75%

Fonte: Brasil, 1936, p. 43.

> *Mas por que, apesar do discurso em prol da escolarização, que formaria os cidadãos responsáveis pela escolha dos seus representantes políticos, a realidade em números era outra?*

Entendemos que, apesar das campanhas, as medidas tomadas não foram tão radicais, tendo em vista a indicação da insuficiência de verbas e de fundamentos teóricos para enfrentamento do problema. Pensamos na falta de verba, mas não podemos afirmar veementemente ser essa a causa principal do lento caminhar da disponibilização de escolas públicas a uma parcela maior da população brasileira. Tal afirmação deve-se à escassez de registros sistemáticos das despesas do governo com relação ao ensino, isso tomando por base o precário atendimento escolar oferecido à população brasileira até 1930.

A despeito de todos os entraves anteriores, há autores que creditam à República o mérito do crescimento das oportunidades escolares em nível popular. Para Fernandes (1959), as organizações particulares, principalmente as religiosas, não se dedicaram à educação eminentemente popular, mas sim o Estado.

Com o advento da República, em 1889, e a assimilação da ideologia liberal pelos republicanos, fez-se necessário formar um cidadão capaz de escolher livremente e ser autodirigível, necessário para o estabelecimento do **Estado democrático**.

> Um dos instrumentos utilizados para atingir esse objetivo foi a implantação da escola pública, obrigatória, gratuita, leiga, com a qual seria possível erradicar o analfabetismo e transmitir a esse cidadão valores de identidade, como pátria, Estado, organização social e econômica, reputados como mecanismos de ascensão social, transmitidos pela escola (Bettini, 2000, p. 23).

Essa melhora não foi apenas quantitativa – atingiu quase metade da população em idade escolar –, mas também qualitativa. São desse período o aparecimento dos grupos escolares, ou escolas--modelo, e a introdução do ensino graduado, sem, no entanto, ser extinta a antiga escola primária, de um só professor e uma só classe, com alunos de diferentes idades e diferentes níveis de aprendizagem.

Avançando cronologicamente até a década de 1930 e analisando a legislação desse período especificamente, entendemos que, apesar de trazer pontos contraditórios, a Constituição de 1934 apresenta sinais de avanços quando avaliamos a elaboração de normas e padrões rígidos para o ensino secundário. Além disso, o texto constitucional direcionava à União a responsabilidade de elaborar um Plano Nacional de Educação que refletisse na organização do ensino em todo o território nacional. É nesse momento que alguns educadores lançam o Manifesto dos Pioneiros da Educação Nova, o qual defendia que as medidas relacionadas à educação no Brasil fossem tomadas em decorrência de um programa educacional mais amplo, com uma política nacional de educação, tendo unidade de propósitos e sendo baseadas na legislação.

Entre 1931 e 1937, vários congressos e conferências foram organizados, com o intuito de debater os princípios que deveriam orientar a educação nacional. Durante esses eventos, posicionavam-se duas correntes: uma tradicional, ligada aos educadores católicos, que defendiam uma educação católica, particular, em separado – com o atendimento a meninos e meninas e a concepção de que a família era a principal responsável pela educação de seus filhos –, e outra influenciada pelas ideias da Escola Nova, que defendia a laicidade, a gratuidade, a responsabilidade pública em educação, entre outros aspectos.

> Com o fim do Estado Novo e a promulgação da Constituição de 1946, surgem os ideais de uma lei que direcionasse a educação, iniciando-se, assim, a elaboração do projeto da primeira Lei de Diretrizes e Bases da Educação Nacional (LDBEN), encaminhada à Câmara Federal em 29 de outubro de 1948, acompanhada da exposição de motivos e subscrita pelo então ministro da Educação e Saúde, Clemente Mariani. Esse projeto ficou em discussão por 13 anos, sendo transformado em lei a 20 de dezembro de 1961. Isso implicou uma lei que nasceu velha, ou seja, que não mais atingia os anseios e as necessidades da sociedade.

Já ultrapassada, essa lei não perdurou muito, pois, com o golpe militar de 1964, surgiu a necessidade de uma lei que pudesse vir a suprir as necessidades do novo sistema de governo, o qual tomou iniciativas de criação de um outro ordenamento legal das atividades educacionais em diferentes níveis. De acordo com Ribeiro (2001, p. 190), baseados na nova determinação político-econômica pela qual o Brasil passava, grupos de especialistas brasileiros e norte-americanos foram incentivados a discutir esse processo, com o desígnio de estudar e verificar as necessidades educacionais do país e implantar um sistema de ensino que atendesse aos interesses dos detentores do poder político e econômico, que resultou nos acordos entre o Ministério da Educação e Cultura (MEC) e a United States Agency for International Development (Usaid), conhecidos como *Acordos MEC/Usaid*. Assim, 60 dias após a criação do novo ordenamento, foi apresentado um anteprojeto da nova Lei de Diretrizes e Bases da Educação Nacional (LDBEN), que foi sancionada em 1971 sem vetos. Essa lei foi a que teve maior vigência no contexto educacional do país, pois perdurou até 1996, quando a atual LDBEN foi editada, também visando atingir os anseios políticos do país que acabava de promulgar uma nova Constituição Federal.

Os debates se iniciaram em 1988, sendo que o primeiro projeto foi o do deputado Otávio Elísio. Esse projeto teve como característica marcante ser de esquerda, estatizante e centralizador, recebendo na câmara diversas emendas e dando início a muitos debates acerca do tema. Já no Senado, recebeu um substitutivo que apenas repetia o projeto aprovado pela Câmara.

Os debates estavam ameaçando prolongar-se por anos, como ocorrera com a lei anterior. Dessa forma, o então senador **Darcy Ribeiro** apresentou um substitutivo sucinto, de acordo com as necessidades brasileiras e capaz de possibilitar a escolarização a todas as crianças e jovens, sendo finalmente aprovado e sancionado na forma da Lei nº 9.394, de 20 de dezembro de 1996 (LDBEN), que perdura até os dias atuais.

Darcy Ribeiro

Essa lei alterou a organização do sistema escolar brasileiro, bem como sua denominação. De acordo com a LDBEN de 1996 (Brasil, 1996), a educação escolar divide-se em educação básica e educação superior. A educação básica é composta por educação infantil, ensino fundamental e ensino médio. O ensino fundamental é obrigatório, com mínimo de oito anos*, e gratuito na escola pública, tendo por

---

* A Lei nº 11.274/2006 alterou o art. 32 da LDBEN de 1996, determinando que o ensino fundamental obrigatório passe a ter duração de nove anos, iniciando-se aos seis anos de idade. Pela Lei nº 10.172, de 9 de janeiro de 2001, essa se tornou a meta da educação nacional, com implantação progressiva.

objetivo a formação básica do cidadão. A obrigatoriedade recai sobre todas as crianças entre 7 e 14 anos e a jornada escolar é de 800 horas-aula, distribuídas em 200 dias letivos.

A educação infantil foi dividida em creches, para crianças de 0 a 3 anos e 11 meses, e pré-escolas, para crianças entre 4 anos e 5 anos e 11 meses.

A meta de cada escola de ensino fundamental é fornecer ao aluno, por meio do currículo, acesso à base comum nacional e à parte diversificada, a qual inclui as características regionais da sociedade, da cultura, da economia e do cotidiano do aluno.

Ensino médio passou a ser a denominação do antigo colegial. A educação profissional é apresentada como modalidade de ensino articulada, admitindo habilitação profissional nos próprios estabelecimentos de ensino médio ou em cooperação com instituições especializadas nesse tipo de educação.

> Analisando a história da educação brasileira, percebemos que esta é composta por avanços e retrocessos e sempre voltada para atingir os interesses da classe dominante e do governo, sendo, por essa razão, utilizada como objeto de manipulação política das massas e estando pouco voltada para a real qualidade de ensino, para as necessidades dos alunos.

Síntese

Neste capítulo, verificamos, pelo exame da legislação, o caminho percorrido pela educação brasileira, desde a época do Brasil Colônia, com a educação ministrada pela Companhia de Jesus, até os dias atuais, com a LDBEN de 1996.

Vimos também que as bases da escola no Brasil foram se estabelecendo de maneira gradativa, sempre pautadas por discursos inflamados e pouca prática, iniciando-se no período do Império e tomando forma com a República, por meio da implantação dos grupos escolares.

Pudemos ainda verificar que a história da educação brasileira é marcada por avanços e retrocessos e, via de regra, direcionada aos interesses das elites e do governo, utilizada como instrumento de manipulação política das massas e pouco voltada para a busca da qualidade de ensino e das reais necessidade de seus alunos.

Indicação cultural

Livro

GADOTTI, M. Convocados, uma vez mais: ruptura, continuidade e desafios do Plano de Desenvolvimento da Educação. São Paulo: Instituto Paulo Freire, 2008. (Série Educação Cidadã, v. 1).

O autor, por meio de vasta experiência em políticas públicas, faz um resgate da história da educação por esse foco, numa tentativa de encontrar os motivos do fracasso dos planos educacionais brasileiros, bem como explica por que o Plano de Desenvolvimento da Educação (PDE) merece crédito.

Atividades de autoavaliação

1. Assinale a alternativa correta:
    a) Analisar a legislação educacional brasileira é imprescindível para a compreensão das diretrizes idealizadas pelo Estado e efetivamente colocadas em prática, bem como os seus avanços e retrocessos.

b) A análise da legislação educacional e da história da educação brasileira nos mostra que, para chegar ao contexto atual, o processo foi lento e gradual.
c) A legislação sempre corresponde ao que ocorre na prática, principalmente com relação à educação.
d) Toda mudança social demanda esforços de toda a sociedade, e no Brasil a participação popular sempre foi intensa.

2. Associe as alternativas da coluna A com as proposições da coluna B no que se refere ao significado das palavras da primeira coluna:

Coluna A	Coluna B
I. Pressuposto	( ) É constituída de dois polos indissociáveis – a teoria e a prática –, que se complementam e se nutrem a partir das reais necessidades que enfrentamos no cotidiano.
II. Práxis	( ) São aulas avulsas, implantadas no Brasil Colônia, principalmente após a expulsão da Companhia de Jesus.
III. Estamental	( ) Diz-se da sociedade em que a posição do indivíduo é determinada pelo seu nascimento, pela sua origem familiar; foi a sociedade típica da Idade Média, perdurando na Idade Moderna.
IV. Oratória	( ) Refere-se àquilo que se pressupõe; suposto; pressuposição; suposição, conjectura.
V. Aulas régias	( ) Refere-se à capacidade de falar em público; articulação.

Assinale a sequência correta:

a) II, V, III, I, IV.
b) III, IV, II, I, V.
c) I, II, III, V, IV.
d) II, IV, III, V, I.

3. Assinale V (verdadeiro) ou F (falso) para as afirmações seguintes:

( ) Na concepção republicana, fortemente influenciada pela filosofia positivista, a instrução popular era considerada estratégia imprescindível à marcha do progresso.

( ) O tema "educação" foi inserido na Constituição de 1824 com a garantia do oferecimento da instrução primária gratuita a todos os cidadãos, independentemente das suas posses.

( ) Em 1854, o público-alvo do ensino primário e secundário era a população livre e vacinada, não portadora de moléstias contagiosas, e os responsáveis pelas crianças poderiam ser multados caso elas não frequentassem a escola.

( ) A história da educação brasileira é composta somente por avanços e sempre voltada para atingir os interesses da classe trabalhadora.

( ) Pela LDBEN de 1996, a educação escolar divide-se em educação básica e educação superior. A educação básica é composta por educação infantil, ensino fundamental e ensino médio.

4. Para compreender a história da educação brasileira, é preciso:

a) ler os autores voltados às questões educacionais.

b) que a escola favoreça o acesso a palestras sobre o assunto, bem como mantenha um acervo atualizado.

c) fazer uma análise da legislação educacional e dos contextos social, econômico e político brasileiros.

d) fazer uma avaliação da escola em que se trabalha, partindo do particular para o geral.

5. Assinale a alternativa que explica a afirmação de Rui Barbosa em favor da educação pública popular:

a) Preparar as crianças para a leitura, a escrita e as quatro operações.

b) Ampliar a oferta de escolas para espalhar o conhecimento e eliminar a ignorância, habilitando os cidadãos para o exercício de seus direitos.

c) Disponibilizar a educação, restrita à classe dominante, aos mais pobres.

d) Melhorar as condições de trabalho dos professores de primeiras letras.

Atividades de aprendizagem

Questões para reflexão

1. Realize uma entrevista com uma pessoa que tenha mais de 60 anos. Indague como foi sua trajetória escolar: o acesso à escola, a relação com os professores, as disciplinas de que se lembra ter cursado, entre outras. Procure relacionar essa entrevista com a legislação educacional da época.

2. Pesquise e organize um quadro com os índices oficiais de analfabetismo da população brasileira entre as décadas de 1970 e 1990. Compare com os índices atuais.

Atividade aplicada: prática

1. Partindo da afirmação: "A organização escolar na República, proclamada em 1889, foi fortemente influenciada pela filosofia positivista", realize uma pesquisa sobre as concepções da filosofia positivista, seus principais defensores, o período de maior efervescência e abrangência. Elabore um relatório com as ideias principais.

2

Herança educacional brasileira no século XX

Nosso objetivo neste capítulo é realizar uma análise da história recente da educação no Brasil. Abordaremos algumas questões como a feminização do magistério, a criação dos grupos escolares, os métodos de ensino e a política educacional durante o século XX, tendo por meta proporcionar a você a ideia de que alguns projetos desse século continuam inacabados e que outros, apesar da grandiosidade, foram esquecidos na burocracia.

O surgimento dos grupos escolares e a feminização do magistério são considerados, por alguns autores, como fatos que inauguraram o século XX da educação brasileira. O ingresso maciço das mulheres no ensino primário – que perdura até hoje – tem seu início no século XX por uma questão muito simples: o magistério foi, desde o princípio, uma profissão-missão, voltada para o cumprimento de um dever sagrado, e ninguém melhor que a mulher, dotada dos atributos da maternidade, para desempenhar tal função.

> A ideia de uma escola que domestica, cuida, ampara, ama e educa vai colocar na mão das mulheres a responsabilidade de guiar a infância e moralizar os costumes.

Para Saviani et al. (2004), a educação no Brasil, "como direito humano inalienável, decorrente da tese engendrada no núcleo das aspirações republicanas no século XIX como panaceia para todos os males e mola propulsora da ordem e do progresso, ainda está no estatuto utópico da democratização e universalização do conhecimento." Ou seja, a escola continua como sonho distante de grande parte da sociedade brasileira, principalmente no nível superior. Sabemos da importância da educação no mundo social; porém, ainda há muito a percorrer para que tenhamos bases sólidas na educação brasileira.

> *Mas a quem compete a estruturação desse alicerce? Será que chegar a essa conclusão é o limite?*

Acreditamos que não! A escola deve ser o ambiente de esperança. E esse é o nosso papel, a nossa função social. Conhecer, sim, nossa trajetória e aprender com os erros, mas nunca desistir. A história também nos mostra o inefável poder da escolarização e como ela pode modificar a estrutura de uma sociedade. Basta que nós, educadores, juntamente com a família e a comunidade, façamos cumprir nosso papel de formadores de cidadãos pensantes e atuantes.

Por meio da história, podemos enxergar que as mudanças mais significativas, as transformações mais decisivas nos planos econômico, político, social, cultural e educacional brasileiros se situam nas décadas finais do século XIX, século que nos deixou como herança a crença no poder da escolarização, tendo seu ápice na mudança de regime político no Brasil, da Monarquia à República. Entretanto, tais mudanças vão se concretizar, de fato, no século XX.

Há uma discussão acalorada entre os teóricos brasileiros em relação à periodização

> A história também nos mostra o inefável poder da escolarização e como ela pode modificar a estrutura de uma sociedade. Basta que nós, educadores, juntamente com a família e a comunidade, façamos cumprir nosso papel de formadores de cidadãos pensantes e atuantes.

da história da educação brasileira. O ano de 1890, final do século XIX, é considerado uma segunda etapa, por ser o início da implantação dos grupos escolares no Brasil e, portanto, o início da escola pública, assim como a entendemos. O período entre 1890 e 1931 é aquele em que ocorre uma progressiva implantação das escolas primárias graduadas nos estados e os professores passam a se formar nas escolas normais. De 1931 a 1961, ocorre a regulamentação das escolas superiores, secundárias e primárias, o que vai culminar com a promulgação da primeira LDBEN nº 4.024, de 1961. Outro marco da história da educação brasileira é a LDBEN nº 9.394, de 1996, que vigora até o momento.

Conforme Saviani et al. (2004), em 1827 foi aprovada a Lei das **Escolas de Primeiras Letras,** que era um primeiro projeto de uma escola pública nacional. O Brasil vivia um momento importante da sua história, havia se tornado independente de Portugal e buscava adequar sua legislação. No entanto, essa lei não saiu do papel. Em 1834, por meio do Ato Adicional, foi repassada às províncias a responsabilidade sobre as escolas primárias e secundárias. Toda a normatização desses espaços foi sendo elaborada pelos poderes públicos, porém é fato que o que realmente funcionava eram as escolas nas casas dos professores, fato que durou até 1890, com a República, pois é a partir desse momento que "o poder público assume a tarefa de organizar e manter integralmente escolas, tendo como objetivo a difusão do ensino a toda a população" (Saviani et al., 2004, p. 18).

De acordo com Vidal (2006), o pesquisador que pretende investigar a história da infância brasileira, vê-se diante da história dos grupos escolares. Surgidos no corpo da lei desde 1893, regulamentados e instalados a partir de 1894 em São Paulo, no Rio de Janeiro em 1897, no Maranhão e no Paraná em 1903, em Minas Gerais em 1906, na Bahia em 1908, no Rio Grande do Norte, no Espírito Santo e em Santa Catarina em 1908, no Mato Grosso em 1910, em Sergipe em 1911, na Paraíba em 1916 e no Piauí em 1922, sendo extintos somente em 1971, com a promulgação da Lei nº 5.692.

> Consideraremos como reflexo dessa história a trajetória de um dos estados que iniciou esse processo, destacando-se nessa empreitada, a saber, o estado de São Paulo, o qual, na virada do século XIX, apresentou um impressionante dinamismo econômico e populacional.

A produção cafeeira, concentrada primeiro na região do Vale do Paraíba, expandiu-se depois até o Oeste paulista, em virtude do seu alto valor no mercado internacional. A população crescia consideravelmente em função do processo imigratório que se iniciava quando da abolição da escravatura e da necessidade de ampliação da mão de obra para as lavouras de café. No interior, a população estava concentrada nas "fazendas e estâncias, pequenas propriedades de 'homens livres', de vendas, mascates e tropeiros, de aldeias e pequenas cidades" (Singer, 1989, p. 350). Apesar da Lei Áurea e da chegada dos imigrantes, a força de trabalho continuava dominada pelos grandes latifundiários, que a explorava no sistema de meação, em que o colono plantava, colhia, dividia a colheita ao meio com o proprietário e comprava, nas próprias fazendas, todos os bens de que tinha necessidade, retornando o capital ao fazendeiro.

> Em 1884, em levantamento publicado no *Jornal Imprensa Ytuana*, de acordo com relatório elaborado pelo Barão de Guajará, é demonstrado que havia na província de São Paulo 938 escolas públicas de ensino primário, sendo 593 masculinas e 345 femininas. Do total, 244 estavam vagas – desprovidas (Jornal Imprensa Ytuana, 1876-1901) –, ou seja, não contavam com recursos ou professores habilitados que se dispusessem a ministrar as aulas.

Em 1889, o número subiu para 1.150 escolas em todo o estado. Esses estabelecimentos eram caracterizados por uma sala de aula, um só professor responsável por alunos recrutados nas vizinhanças, com diferentes idades e níveis de adiantamento – classes multisseriadas –, em condições precárias de funcionamento, de trabalho e com falta de materiais. Para Reis Filho (1995), durante o Império, os professores faziam frente aos problemas da instrução pública, defendiam a secularização do ensino e consideravam a escola paulista "ruim, péssima e vergonhosa". Porém, não há participação de professores no Conselho Superior de Instrução Pública – os membros eram indicados pelo governo. Tal característica será alterada com a República, quando a presença de professores no Conselho passa a ser dominante.

A Lei nº 81, de 6 de abril de 1887, denominada *Reforma da instrução pública da província*, idealizada por **Rangel Pestana** e última do período imperial, renovava o programa com a inclusão de várias matérias, entre elas: educação cívica; educação religiosa, facultativa para os não católicos; lição de coisas com observação espontânea; leitura com ênfase em prosódia*; exercício de análise sobre pequenos trechos lidos; escrita graduada com aplicação de regras de ortografia; redação; desenho; geografia geral e física, ginástica, canto e coral.

Rangel Pestana

Marcelo Lopes

No entanto, a maioria das escolas da província se limitava ao ensino da leitura, escrita e cálculo (Lei nº 81/1887, Colleção de Leis e Posturas Municipaes, promulgadas pela Assembleia Provincial de

---

* Pronúncia regular das palavras e das frases com a devida acentuação.

São Paulo). Eram conhecidas como *escolas de "primeiras letras"*, com professores sem preparo para o exercício do magistério, denominados *leigos*.

> A educação durante o Império caracterizava-se por ser individual e solitária. A representação das escolas pode ser definida com a figura do mestre-escola, abandonado, desprovido de recursos financeiros e materiais. Os professores, cujos salários mal davam para as despesas básicas, eram responsáveis não só pela docência, mas também pelo aluguel do local que abrigava a escola. Esse abandono à categoria refletia-se na escolha dos conteúdos das disciplinas, pois cada professor ensinava o que mais lhe agradasse, além da necessidade de adequar-se a um local inapropriado à instalação da escola pública.

A difícil fiscalização do ensino no Império deixava os professores mais livres para organizarem o seu trabalho como bem lhes aprouvesse: escolhiam os conteúdos do programa, estabeleciam o ritmo do trabalho e as normas disciplinares em relação aos alunos. A escola pública era, assim, a extensão da casa do professor. Às vezes, funcionava em paróquias, cadeias, cômodos do comércio, salas abafadas, sem luz, sem estrutura alguma, sendo que a despesa com aluguéis corria por conta do mestre-escola (Souza, 1998b, p. 82-122).

A Lei nº 81/1887 criou também o Conselho Superior de Instrução Pública, composto por uma Diretoria de Instrução Pública e pelos Conselhos Municipais (Colleção de Leis e Posturas Municipaes promulgadas pela Assembleia Provincial de São Paulo). De acordo com Reis Filho (1998), em 1890, por meio do Decreto nº 33, de 20 de março, o referido conselho é extinto. O Decreto nº 34, de 25 de março de 1890, suprime a educação religiosa do programa de ensino nas escolas públicas: é o princípio da laicidade tendo o peso da lei (Reis Filho, 1998, p. 15). Já o Decreto nº 58 do mesmo ano suprime os empregos de secretários dos Conselhos Municipais de Instrução Pública, passando as funções a serem exercidas, gratuitamente, por membro eleito pelo Conselho Municipal (Decreto nº 58, de 11 de junho de 1890. Livro de decretos relativos à instrução pública. Secretaria do Interior. 2ª subseção. 1849-1905. Ordem E 07759).

Em 1890, é nomeado para diretor da escola normal o professor Antonio Caetano de Campos. Sua influência no processo de reforma do ensino paulista é pequena, em razão de seu falecimento em setembro de 1891. No entanto, em 12 de março desse mesmo ano, o Decreto nº 27 elevou o ensino elementar paulista à categoria de "vital, poderoso, indispensável e prioritário", bem como enfatizou a importância da preparação científica e técnica do professor (Reis Filho, 1995, p. 50-51).

A Constituição Estadual, de 14 de julho de 1891, instituía a obrigatoriedade e a gratuidade da instrução primária para crianças entre 8 e 12 anos. Era o estabelecimento dos princípios liberais dos republicanos paulistas na educação, indicando que é "dever" do Estado proporcionar a educação popular e um "direito" do cidadão recebê-la.

A primeira lei que consolidou a legislação escolar e a nova estrutura dada à organização e à direção do ensino em São Paulo, conforme Antunha (1976), foi a de nº 88, de 8 de setembro de 1892. Influenciada e defendida pelo professorado paulista, tinha por representante Gabriel Prestes, professor e ex-aluno da escola normal, o qual, em diversos artigos publicados no jornal *O Estado de São Paulo*, em maio de 1892, demonstrava a influência de Rui Barbosa, nos Pareceres de 1883. Essa lei reforma a instrução pública no Estado de São Paulo. Entre as alterações, destacam-se:

- a consolidação da legislação escolar e da nova estrutura de organização e direção do ensino;
- a reforma da escola normal, estabelecendo a gratuidade do curso, destinando-o a ambos os sexos, com duração de três anos; a conversão das escolas anexas em escolas-modelo e a tentativa de organização de um sistema de âm-

bito estadual, de formação para o magistério primário;
- a organização dada ao sistema escolar com sua divisão em três níveis – primário, secundário e superior –, que apresenta muitas semelhanças com a atual organização do sistema educacional brasileiro; a divisão do ensino primário em dois níveis – o preliminar e o complementar – e a posterior transformação do curso complementar em curso de formação de professores.

De acordo com a Lei nº 88/1982, o ensino primário era obrigatório a ambos os sexos, dos 7 aos 12 anos, estabelecendo multas aos pais ou responsáveis pela falta de frequência dos alunos às aulas. As escolas preliminares, separadas por sexo, seriam instaladas em toda localidade onde houvesse de vinte a quarenta alunos matriculáveis. Em número menor de vinte, poderiam ser mistas. Instituiu, também, o **recenseamento escolar**.

Verificamos, portanto, a seguinte estrutura educacional em São Paulo, nos primórdios do período republicano:

- no nível pré-primário – jardim da infância;
- no nível primário – ensino primário (preliminar, de quatro anos, e complementar, também de quatro anos, sendo que este não chegou a se realizar como segundo ciclo do primário);
- no nível secundário – curso ginasial e curso normal;
- no nível superior – as escolas superiores e o ensino profissional.

Quanto ao programa pedagógico, seriam ministradas aulas de Moral Prática e Educação Cívica, Leitura e Princípios de Gramática, Escrita e Caligrafia, noções de Geografia Geral e Cosmografia, Geografia do Brasil (especialmente a de São Paulo), História do Brasil e leitura sobre a vida dos grandes homens da história, Aritmética, cálculos sobre números inteiros e frações, sistema métrico decimal, noções de Geometria, especialmente em suas aplicações na medição de superfícies e colunas, noções de ciências físicas, químicas e naturais. O método a ser utilizado era o intuitivo. Também estava prevista a criação de escolas noturnas gratuitas para adultos, onde seriam ensinadas as mesmas matérias, exceto trabalhos manuais e ginástica, devendo ter, no mínimo, 30 alunos (Bettini, 2000).

Os **grupos escolares**, considerados a criação que melhor atendeu às necessidades do ensino primário, tinham como fator inicial de implantação a reunião, em um só prédio, de quatro a dez escolas, que coexistiam num raio de 2 km para as masculinas e de 1 km para as femininas. A reunião dessas escolas seguia orientação dos inspetores escolares que, após análise das localidades, enviavam ao Conselho Superior de Instrução Pública os prováveis locais que possuíam as condições materiais e o número de escolas ou classes necessárias para a efetiva implantação do grupo. Nesses grupos, os alunos eram separados por classes, séries e sexo, existindo sempre duas classes para cada série escolar do curso preliminar. Havia uma divisão de trabalho escolar, reunindo alunos com grau de aprendizagem semelhante em uma mesma classe.

Figura 2.1 – Primeiro grupo escolar de Indaiatuba: 1906 (segundo a ser criado no Estado de São Paulo)

Acervo: Arquivo Público Municipal de Indaiatuba. Fundação Pró-Memória.

Figura 2.2 – Grupo Escolar Randolfo Moreira Fernades em Indaiatuba (1937)

Acervo: Arquivo Público Municipal de Indaiatuba. Fundação Pró-Memória.

A impossibilidade financeira de construir novos prédios levou o governo paulista à adoção da prática de vincular a instalação dos grupos em locais cujas municipalidades doassem os prédios ao estado ou se incumbissem de alugar estabelecimentos adequados às atividades escolares. Considerados locais de excelência, organizados, com formação elevada e bons prédios, os grupos escolares eram reivindicados por todos os municípios paulistas. Souza (1998b, p. 13-14) relata, referindo-se aos grupos: "concebidos para serem os pilares da República, eles foram 'templos de civilização', onde se reverenciavam as autoridades políticas do novo regime e se cultuavam os símbolos nacionais: bandeira, escudo e hino". Assim, a escola primária, nesse período, contribuiu para reforçar o imaginário sociopolítico da República.

> Entre 1894 – ano da instalação do primeiro grupo escolar em São
> Paulo – e 1900, foram criados 11 grupos na capital e 35 no interior,
> totalizando 46 grupos escolares instalados num período de 6 a 18
> anos, com uma média de 7-8 grupos por ano, que se manteve até
> 1929, quando já haviam sido instalados 297 grupos escolares – 47
> na capital e 250 no interior, com 4.249 classes num total de
> 191.320 alunos matriculados (Faria Filho; Souza, 2006, p. 27).

A impossibilidade financeira dos poderes públicos de criarem e implantarem todos os grupos escolares reivindicados pelos municípios paulistas, mesmo com a doação e/ou aluguel de prédios, impulsionou o surgimento de uma outra modalidade de escola nesse período: as escolas reunidas. Elas se distinguiam das escolas isoladas e dos grupos escolares somente por estarem agrupadas em um mesmo prédio escolar e pelo aluguel não pago pelos professores. Contavam ainda com um diretor e um porteiro-servente e mantinham sua autonomia e organização independentes. No entanto, os salários dos seus professores eram inferiores aos dos professores dos grupos escolares, que eram equivalentes aos das escolas isoladas:

> não havia direção comum nem qualquer tipo de divisão de
> trabalho entre elas e as classes não procuravam ser homogêneas
> sob o ponto de vista do adiantamento escolar dos alunos,
> nem o ensino graduado por anos como ocorria nos Grupos
> Escolares. Os professores não possuíam *status* equivalente ao de
> adjuntos de Grupos Escolares e percebiam vencimentos iguais
> aos mestres das escolas isoladas. (Antunha, 1976, p. 76)

A partir de 1908, as escolas reunidas passaram a ter um diretor em comissão, porém, a remuneração dos professores continuou inferior. Para o Estado, aqui entendido como mantenedor, era vantajosa a manutenção dessa modalidade por representar um gasto menor. Havia, ainda, as escolas intermédias, provisórias, ambulantes e noturnas.

- Escolas intermédias: eram diferenciadas por serem regidas por professores não normalistas, que passavam por exames das matérias de 1º grau e cujos vencimentos eram mais baixos por possuírem plano de estudo reduzido.
- Escolas provisórias: eram regidas por professores interinos, habilitados perante os inspetores de distrito, também com plano reduzido de estudo.
- Escolas ambulantes: compreendiam aquelas escolas cujos professores eram itinerantes. Em 1894, de acordo com Relatório da Diretoria Geral da Instrução Pública, o Estado de São Paulo contava com apenas três professores com esse encargo.
- Escolas noturnas: eram instituídas em lugares onde houvesse frequência de mais de trinta alunos, de preferência do sexo masculino e maiores de 16 anos. Os professores dessas escolas geralmente lecionavam durante o dia nas escolas preliminares e recebiam uma gratificação pelas noturnas. Para Antunha (1976, p. 49), "essa estrutura da administração e da inspeção do ensino público estadual manteve-se em suas linhas gerais até a reformulação efetuada em 1920."

No ano de 1893, o Estado de São Paulo possuía 1.398 escolas, sendo 817 masculinas, 489 femininas e 92 mistas (Reis Filho, 1995, p. 120).

> Em 1894, através do Decreto nº 248, de 26 de julho, é aprovado o Regimento Interno das Escolas Públicas do Estado de São Paulo, no qual se dá ênfase na moral, na educação física e na preocupação com o nacionalismo (Decreto nº 248/1894. Livro de decretos relativos à instrução pública. Secretaria do Interior. 2ª subseção. 1849-1905. Ordem E 07759).

De acordo com o relatório apresentado pelo secretário de estado dos Negócios do Interior e da Instrução Pública, Alfredo Pujol, em 1895, o Estado de São Paulo possuía 1.954 escolas preliminares, no entanto, apenas 819 contavam com recursos e professores. Destas, 52 contavam com professores preliminares, 10 reintegrados, 25 adjuntos e 74 provisórios. O referido relatório enfatiza a separação da Igreja nas decisões do Estado, aqui entendido como o poder executivo, ao afirmar que a educação avançava em virtude da despreocupação com o culto:

> o século XIX foi o primeiro que sistematizou e generalizou a instrução primária por si mesma, sem a preocupação particular do culto e que dela fez verdadeiramente uma questão de Estado. (Pujol, 1896)

Nessa época, a formação dos professores se dava na escola normal da capital, única até então, a qual não tinha condições de atender à demanda por professores. A possível causa da falta de profissionais para o exercício do magistério pode ter refletido na promulgação da Lei nº 374, de 3 de setembro de 1895, que estendia aos alunos dos cursos complementares e dos ginásios vantagens para o exercício do magistério.

Em janeiro de 1896, é realizado em São Paulo um congresso de inspetores escolares, quando são tomadas algumas decisões, como o regime dos exames de professores interinos para provimento das escolas provisórias do referido estado e critérios para que as cadeiras fossem assumidas por professores, ou seja, as quais constituíam as salas vagas, consideradas provisórias do Estado de São Paulo. Assim, decidiu-se que todas as cadeiras/vagas de bairros, povoados e freguesias rurais, das vilas e estações de ferro, estavam dentro da designação de *cadeiras provisórias*.

Outra decisão tomada na ocasião, por meio do Decreto nº 330, de 18 de janeiro de 1896, foi a divisão do estado em 40 distritos escolares, cujo aumento se deu em virtude da quantidade de cidades com escolas a serem inspecionadas. Em 1897, o Estado de São

Paulo possuía 118 municípios, com uma população de 2 milhões de habitantes. Destes, apenas 1,2% frequentavam as escolas públicas (Reis Filho, 1995, p. 143).

Em 1902, por meio da Lei nº 842, de 6 de outubro, os professores adjuntos de escolas isoladas e de grupos escolares são equiparados aos diplomados quanto à remoção, permuta e nomeação. Já a Lei nº 854, de 14 de novembro de 1902, equiparou os professores preliminares normalistas, com curso de três anos, aos professores complementares.

Em 1904, através do Decreto nº 1.216, de 27 de abril, é aprovado o regimento interno dos grupos escolares e das escolas-modelo. Já o Decreto nº 1.217, de 29 de abril de 1904, aprova e manda observar o programa de ensino para os grupos escolares e as escolas-modelo. O programa para o primeiro, segundo, terceiro, quarto e quinto ano contemplava: leitura, linguagem, caligrafia, aritmética, geometria, geografia, história do Brasil, ciências físicas e naturais, higiene, instrução física e moral, ginástica e exercícios militares, música, desenho e trabalhos manuais.

Em 1911, a Lei nº 1.258, de 29 de setembro, criou diversas escolas preliminares no Estado de São Paulo. Nesse mesmo ano, no Decreto nº 2.005, de 29 de março, deu-se a aprovação de um programa de ensino para as escolas isoladas. Para Bettini (2000), o programa enfatizava os estudos dos fatos históricos e da geografia, com objetivos à instrução cívica e ao desenvolvimento do sentimento nacionalista nos alunos.

Em 1920, São Paulo, seguindo a tendência nacional de "debelar o grande mal do século: o analfabetismo" (Nagle, 2001, p. 176), instituiu a Reforma da Instrução Pública Paulista, por meio da Lei nº 1.750, de 8 de dezembro, idealizada pelo educador **Sampaio Dória**, que propôs a opção por uma educação que tivesse condições de atender a um maior número de alunos, nem que para isso ocorresse a redução dos programas, cuja obrigatoriedade se limitasse a uma faixa etária menor, dos 7 aos 9 anos. O projeto também propunha o uso racional e eficiente dos recursos disponíveis, visando promover uma alfabetização em massa. Essa proposta coincide com o período em que esse educador exerceu a função de diretor-geral da Instrução Pública.

Desse modo, o ensino primário foi reduzido para dois anos, a obrigatoriedade, gratuidade de matrícula e frequência limitaram-se à faixa etária dos 7 a 9 anos, com redução dos programas. 3ª e 4ª séries foram transformadas e estavam sujeitas à taxação de valores – os pais e tutores que infringissem a obrigatoriedade e a frequência estavam sujeitos ao pagamento de multas ou a até 15 dias de prisão. Coube também um processo de descentralização de poderes, com a criação das Delegacias Regionais de Ensino (DREs), possibilitando autonomia didática aos professores, desdobramento das escolas isoladas, gratificação por aluno alfabetizado, entre outros benefícios e melhorias. A proposta tentava minimizar a questão da demanda – 232 mil crianças de 7 a 12 anos matriculadas, de um total de 380 mil – e da situação financeira do estado, que não suportava maiores gastos no setor.

> A reforma [...] transforma a escola primária num curso de sete anos, embora os dois primeiros, apenas, sejam gratuitos e obrigatórios. O exame do currículo e dos programas do "ensino primário" – de acordo com a nomenclatura empregada – mostra que não houve, em relação à escola primária anterior, uma alteração que mereça tantas críticas recebidas. (Nagle, 2001, p. 269)

Com relação ao currículo, a reforma paulista de 1920 estabeleceu o seguinte:

Ensino primário
- 1º ano: linguagem oral, leitura analítica, linguagem escrita, aritmética, geometria, geografia e história, ciências físicas e naturais, higiene, instrução moral e cívica, desenho e música.

- 2º ano: leitura, linguagem oral, linguagem escrita, aritmética, geometria, história do Brasil, instrução moral e cívica, desenho, caligrafia, música, trabalhos manuais e exercícios ginásticos.

Ensino médio

- 1º ano: leitura, linguagem, caligrafia, aritmética, geometria, geografia, história do Brasil, instrução moral e cívica, economia doméstica, ciências físicas e naturais, higiene, música, desenho, trabalhos manuais e ginástica.
- 2º ano: leitura, linguagem, noções de francês, caligrafia, aritmética, geometria, história do Brasil, instrução moral e cívica, educação doméstica, ciências físicas e naturais, higiene, música, desenho, trabalhos manuais e ginástica.

Essa reforma refletiu, portanto, uma tentativa de traduzir, na prática, os anseios generalizados. O que se deu em São Paulo foi considerado, no âmbito dos estados, a tentativa mais avançada em direção a um sistema orgânico de educação no início da República. Essa afirmativa é pautada pelos serviços educacionais colocados em prática: organização administrativa e pedagógica do sistema como um todo; construção ou aquisição de prédios para funcionamento das escolas; dotação e manutenção dos prédios específicos para essas escolas; instituição de um corpo de agentes, com destaque para os professores, exigindo formação específica, criando critérios de admissão e a especificação das funções a serem desempenhadas; organização dos grupos escolares, superando a fase das cadeiras isoladas (Saviani et al., 2004).

Para Ribeiro (2001), o reformador tinha que adequar o projeto de expansão da escola pública aos recursos existentes.

> Nota-se que as verbas eram insuficientes para um atendimento a um tempo quantitativa e qualitativamente melhor. Como foi visto, o modelo político-econômico (agrícola-comercial exportador), sendo contrário à redistribuição do lucro, comprometia tais verbas destinadas ao atendimento popular. E para o educador se colocava o dilema:

atender menos e melhor, ou mais e pior. Mesmo assim, isto é, optando pela primeira alternativa, foi possível atender a menos de um terço da população em idade escolar. Isto entra em choque com o próprio ideário republicano de um regime de participação política, onde um mínimo de escolarização comum era necessário, o que já havia sido conseguido, por algumas monarquias burguesas europeias. (Ribeiro, 2001, p. 85-86)

Para Reis Filho (1995, p. 31), é nesse momento que as "ilusões democrático-liberais cederam lugar à realidade oligárquica, que irá predominar até o fim da República Velha".

As **escolas preliminares** eram unidades escolares não agrupadas, nas quais um professor normalista ministrava a instrução para crianças de diversas idades e de avanço escolar heterogêneo. Com a criação dos grupos escolares, essas escolas passaram a denominar-se *escolas isoladas*. Além das escolas preliminares, a legislação previa a existência de outras escolas auxiliares: as **escolas intermédias**, regidas por professores habilitados, não titulados, e que haviam se submetido a concurso para serem nomeados (Regulamento de 18 de abril 1869 e 22 de agosto de 1869); e as **escolas provisórias**, regidas por professores interinos, examinados por inspetores de distrito.

No período inicial da República, o curso complementar e o curso normal passaram por bruscas transformações – no caso do primeiro, por ser inconcebível para a época alunos cursarem escolas por oito anos. Enfim, como educação popular, consideravam-se os ensinos preliminar, complementar e normal, e como educação das elites, os ginásios – oficiais e particulares – e os cursos superiores. Era uma época de transição. As ideias republicanas com relação à educação foram consideradas avançadas para o período, porém não se concretizaram de maneira plena. De acordo com Antunha (1976, p. 25),

> não há em São Paulo, no período que vai praticamente até 1920, preocupações pedagógicas teóricas que ultrapassem o nível da metodologia e da técnica de ensino, ou críticas e sugestões sobre a problemática mais evidente.

Ainda, conforme Souza (1998a, p. 55),

> ao iniciar a República, o Estado [São Paulo] possuía 889 escolas públicas primárias atendendo aproximadamente 22.225 crianças. Em 1930 havia 3.397 estabelecimentos de ensino primário atendendo cerca de 356.292 crianças.

> Embora acessível às classes populares, o sistema de educação formal disponibilizado através da lei pelo Estado brasileiro, preocupado com o analfabetismo, estava aquém de atender à demanda em número e condições adequadas.

Embora acessível às classes populares, o sistema de educação formal disponibilizado através da lei pelo Estado brasileiro, preocupado com o analfabetismo, estava aquém de atender à demanda em número e condições adequadas. Em 1914, com a constante falta de vagas, o governo se viu obrigado a tomar uma decisão que não onerasse os cofres públicos, recorrendo ao desdobramento dos períodos nas poucas escolas existentes.

Souza (1998b, p. 54) afirma que essa falta de vagas refletia o momento em que a "escola passa a ter existência concreta no meio popular", bem como a luta da população pela escola e os valores que ela transmite; e ainda, "a ressonância desta procura pela vaga era canalizada pela interferência da política local, que [sic] torna-se a grande mediadora entre as reivindicações populares pela educação e o Estado" (Souza, 1998b, p. 54).

O crescimento quantitativo das escolas – com o aumento na oferta de vagas e matrículas – foi obtido com a política educacional adotada durante a Primeira República em São Paulo. Esta foi considerada, na época, a solução possível. Segundo Ribeiro (2001), embora houvesse interesse na melhora qualitativa do ensino – com o aparecimento das escolas graduadas, escolas-modelo e os grupos escolares –, as verbas eram insuficientes para um atendimento, ao mesmo tempo, quantitativa e qualitativamente melhor. Bettini

(2000, p. 37) conclui que "é próprio do *modus operandi* da classe dominante, nesse momento da história – virada do século, alvorecer da República –, o peso da palavra da lei, o que garante a hegemonia. Pô-la em prática é outra história."

> O interesse dado à escolarização pela população derivava da crença de que o estudo pudesse propiciar melhoria das condições de vida. Assim, as classes populares, principalmente em locais com expressivo número de imigrantes e operários, empreenderam iniciativas próprias no sentido de obter instrução para seus filhos. É desse período o surgimento das escolas estrangeiras, particulares e as mantidas pelo movimento operário.

Para Reis Filho (1995), o novo regime estimulou o desenvolvimento de medidas consideradas importantes para o desenvolvimento da educação pública. Dentre elas, a preparação de professores, que durante o Império eram órfãos dos poderes públicos:

> os republicanos democratas paulistas dos primeiros meses da República identificam com rigor o passo essencial para a renovação eficiente do ensino: a preparação científica e técnica do professor [...]. As tentativas imperiais de reformas do ensino elementar, sem professores, foram tantas e de tão longa data: não há presidente da Província, nem relatório de Diretor Geral da Instrução Pública, que não assinale as deficiências do magistério primário. Deficiências culturais e técnicas. Professores que mal sabem o que ensinam, sem método e sem recursos pedagógicos [...]. É a identificação da realidade educacional concreta que possibilita o realismo da solução: preparação prévia e adequada do professor [...]. (Reis Filho, 1995, p. 51)

Estudo realizado por Souza (1998b) aponta a elevação do nível de formação dos professores paulistas. Em 1893, o estado possuía 1.398 escolas públicas, sendo 751 providas de recursos e de professores. Destas, 371, ou seja, quase 49%, eram regidas por professores formados pela escola normal. Em 1897, o número de escolas subiu para 2.397 unidades, estando providas apenas 1.335. Destas, 320 (24%) eram preliminares, 371 (28%), intermédias e 644 (48%) isoladas. Em 1912, dos 3.026 professores em exercício, 2.796 (92%) eram normalistas ou complementaristas.

Com a República, em todo o Brasil, os professores passam a ser "apóstolos" da instrução primária. São profissionais de sólida competência, cônscios de sua missão, formados pela escola normal – o denominado *templo da luz* –, os "heróis anônimos" da República. O magistério, portanto, deixa de ser uma desventura e passa a representar uma profissão digna, reconhecida e edificante. São postuladas as exigências para o exercício do magistério. Em São Paulo, o primeiro concurso público é realizado em 1892. Dentre as condições, o candidato deveria ser maior de 18 anos, apresentar atestado de moralidade e, no caso de não possuir diploma, ter exercido o magistério por, no mínimo, cinco anos (Souza, 1998b, p. 62).

No Estado de São Paulo, outros movimentos caracterizaram esse período de efervescência cultural e ideológica. Foram criados o Partido Comunista (1922), o Partido da Mocidade e a Associação Paulista de Defesa Nacional (1925), todos criticando abertamente o Partido Republicano Paulista. A demanda por educação popular – que nesse período atendia apenas a 12% da população em idade escolar – era o ponto focal do jogo político. Ela vai se tornar a referência direcionadora de muitas ações concretas em todo o território nacional.

> Com a República, em todo o Brasil, os professores passam a ser "apóstolos" da instrução primária [...]. O magistério, portanto, deixa de ser uma desventura e passa a representar uma profissão digna, reconhecida e edificante.

A expansão da cultura cafeeira foi incessante até 1929. O sistema educacional paulista constituiu-se, portanto, em uma época de transição. Embora as medidas tomadas pelos primeiros republicanos fossem avançadas, logo se tornaram insuficientes para acompanhar as necessidades do referido estado. Em termos educacionais, até praticamente 1920 não há "preocupações pedagógicas teóricas que ultrapassem o nível da metodologia e da técnica de ensino, ou críticas e sugestões sobre a problemática mais evidente" (Antunha, 1976, p. 25).

Por fim, em 1925, através da Lei nº 2.095, de 24 de dezembro, foram estabelecidas as aulas de Português, que deveriam ser ministradas por professores brasileiros ou portugueses natos; as aulas de Geografia e História do Brasil deveriam ser ministradas por professores brasileiros natos. É o início do processo de preservação do espírito patriótico.

Para Saviani et al. (2004), foi somente com o advento da República, sob a égide dos estados federados, que a escola pública fez-se presente na história da educação brasileira, pois foi partir daí que o poder público assumiu a tarefa de organizar e manter integralmente as escolas, tendo por objetivo a difusão do ensino a toda a população. Em 1929, o Estado de São Paulo já tinha instalado 297 grupos escolares, 47 na capital e 250 no interior, atingindo um total de 191.320 alunos.

Apesar de todo o crescimento e das mudanças ocorridos no final do século XIX e início do XX, para Lourenço Filho, citado por Antunha (1976, p. 35), a sociedade paulista manteve a estrutura dominante do final do Império: no topo, os grandes proprietários de fazendas de café, considerados *empresários do café*, que dominavam não somente a economia, mas a vida política do estado; na base, trabalhadores assalariados, com relações semelhantes ao trabalho servil; e entre esses dois extremos, pequenos comerciantes, funcionários públicos, profissionais liberais e agentes de comércio.

De acordo com Saviani et al. (2004), do ponto de vista administrativo, não houve mudanças substanciais na educação do período imperial para o início da República. O único diferencial foi a laicidade, princípio adotado na primeira Constituição, que aboliu o Ensino Religioso nas escolas oficiais. Já a Revolução de 1930 caracterizou-se por tornar a educação uma questão nacional, criando o Ministério da Educação e Saúde Pública e restabelecendo o Ensino Religioso nas escolas públicas.

Em 1932, foi lançado o Manifesto dos Pioneiros da Educação Nova, que, entre outras medidas, propunha-se a realizar a reconstrução social pela reconstrução educacional. É um documento que sai em defesa da escola pública e vai influenciar os debates da Constituição de 1934, que é a primeira a fixar como competência privativa da União traçar as diretrizes da educação nacional.

> Ao longo dessa trajetória cronológica, e em vista dos apontamentos do primeiro capítulo, podemos concluir que o Brasil ainda precisa se organizar para obter condições de universalizar o ensino fundamental, bem como para erradicar o analfabetismo. Temos consciência dos avanços investigativos no campo educacional. No entanto, não é por falta de conhecimento ou recursos que as mudanças não ocorrem, mas por falta de vontade daqueles que ainda detêm o poder político em nosso país.

Com relação à feminização do magistério, observamos que este não é um privilégio somente do Brasil, mas foi e permanece um fenômeno universal, por estar atrelado a algo maior, que é a força religiosa, a qual, primeiro, incentivou a vigilância às responsáveis pelo pecado masculino, depois, o adestramento das mentes das mulheres para que ficassem reféns de sua capacidade de seduzir e despertar o desejo masculino. A mulher modelo no século XIX é aquela que se mantinha casta e abnegada, cuja educação visava ao mundo doméstico, ou seja, à preparação para o trabalho doméstico, para o cuidado do marido e dos filhos.

> Para a igreja e para os católicos conservadores dos tempos republicanos, a ausência de educação religiosa nas escolas seria especialmente danosa às mulheres, que, imbuídas de falsos preceitos e sem a benéfica influência da religião, contaminariam e perturbariam o lar católico, que deveria ser modelado pelos princípios cristãos. (Saviani et al., 2004, p. 69)

> A mulher modelo no século XIX é aquela que se mantinha casta e abnegada, cuja educação visava ao mundo doméstico, ou seja, à preparação para o trabalho doméstico, para o cuidado do marido e dos filhos.

Essa mentalidade que perpassa o século XX chegou aos dias atuais, pois ainda está impregnado na mentalidade brasileira e no imaginário social que o único trabalho adequado às mulheres é o de cuidar de alguém, o de doar-se, o de servir com submissão.

O início do século XX desenhou uma sociedade na qual os papéis de seus membros foram assumidos sem muitos questionamentos. Nela, às mulheres estavam reservados "a permanência no espaço doméstico, o recato, a submissão, o acatamento da maternidade como a mais elevada aspiração" (Almeida, 2004, p. 73), diferente do papel reservado aos homens, de liberdade sexual, atuação no espaço público e de autoridade.

> Nesse momento, os liberais republicanos despertaram para a ideia da educação como única redentora dos males sociais e geradora de oportunidades. Para colocar em prática essa ideia, o regime republicano necessitava de mão de obra para aplicar sua ideologia liberal, e, para tanto, fazia-se necessário formar o cidadão capaz de escolher livremente e ser autodirigível. Era o necessário para o estabelecimento de um Estado democrático (Reis Filho, 1995, p. 1).

Assim, um dos instrumentos utilizados para atingir esse objetivo foi a escola pública, obrigatória, gratuita, leiga, onde seria possível erradicar o analfabetismo e transmitir ao cidadão valores de identidade como pátria, estado, organização social, e econômicos, reputados como mecanismos de ascensão social, transmitidos por ela (Bettini, 2000, p. 23), ou seja, a educação era considerada um trampolim para a ascensão e inserção social. E ninguém melhor do que as mulheres para cumprir esse papel, uma vez que já estavam impregnadas da condição necessária, ou seja, foram preparadas ao longo do tempo para servir. A formação pedagógica dessas mulheres nas escolas normais era calcada no humanismo, nas competências e nos valores sociais, nada acrescentando à função principal da mulher de ser esposa, mãe e, em caso de necessidade, como nesse momento, professora.

A classe média acreditou nesse discurso do poder transformador da educação e as mulheres vislumbraram na profissão de professoras uma alternativa de profissionalização, aliada à vida no lar. Era a opção disponível a elas, reforçada pelo discurso de possuírem os atributos necessários de vocação e missão, pois estava relacionada à função primordial, de rainhas do lar e cuidadoras de crianças.

Se nos tempos coloniais o casamento era uma alternativa para as mulheres se livrarem de um pai opressor, no século XX as alternativas se ampliaram para além do lar, e adquirir conhecimento era uma delas. No entanto, esse conhecimento deveria estar direcionado à manutenção dessa sociedade patriarcal, direcionada ao bem-estar masculino, e que colaborasse com a formação das gerações futuras.

No entanto, no decorrer do século XX, as mulheres queriam muito mais. As reivindicações e os questionamentos femininos passaram a fazer parte do cotidiano, os quais não incluíam apenas a instrução, mas privilégios sociais e direito ao voto. Apesar de não serem numerosas, conseguiram abalar alguns paradigmas enraizados, abrindo espaço para debates em uma sociedade que apenas as aceitava como ornamento dos salões. Ao reivindicar a saída do espaço privado – o lar – para o público, as mulheres não estavam eliminando a importância da função materna, mas valorizando sua responsabilidade em educar as futuras gerações, que, por sua vez, levariam o progresso à nação.

> A aceitação gradativa da mulher na educação, atrelada à crença de sua vocação para tal exercício, foi demonstrada pelos poderes públicos, ao regulamentar em meio período as horas de trabalho para que essa mulher pudesse exercer sua principal função: cuidar da casa.

A maior procura da escola também aumentou seu valor. Após a década de 1940, as escolas normais se disseminaram pelos estados brasileiros e passaram a receber muitas alunas que vislumbravam ascensão social e liberdade, advindas da atividade do magistério, que "envolvida numa aura de respeitabilidade, permitia sua profissionalização sem maiores problemas, instalando-se, em pouco tempo e de forma definitiva, sua completa feminização" (Almeida, 2004, p. 81).

Paulatinamente, o trabalho feminino deixou de ser apenas vocacional, pois tornou-se uma necessidade econômica.
A afirmação dos pioneiros de 1932 na crença no poder transformador da escola e a preocupação com a formação dos professores passa a ser uma necessidade, bem como a universalização do ensino.

Com a industrialização, no início da década de 1950, a escola continuou como um dos principais meios de ascensão social e de efetiva participação na sociedade. A formação dos professores nas escolas normais se mantinha em alta, muito embora se discutisse uma desvalorização social do magistério e os baixos salários dos professores. Essas discussões culminaram com a elaboração da LDBEN de 1961.

Na segunda metade do século XX, as diferenças sociais ainda permeavam a sociedade brasileira e a escola ainda é considerada o melhor e mais eficiente meio de ascensão social. Nos dias atuais, é grande o número de mulheres que buscam o ensino superior, número este muito acima em relação aos homens. Podemos afirmar que ainda há muito o que se conquistar nessa área, porém, esse é um processo irreversível. "Emerge assim uma nova geração de mulheres que polemiza em torno das diferenças entre os sexos e as considera uma construção sociocultural, constituindo-se tal visão no principal paradigma feminista a partir dos anos de 1980 e 1990" (Almeida, 2004, p. 97).

Síntese

Neste capítulo, realizamos um balanço da história recente da educação no Brasil, com um enfoque para o Estado de São Paulo, por este ter se destacado na implantação de escolas públicas durante o final do século XIX e início do XX, com enfoque sobre a regulamentação dos grupos escolares.

Abordamos, também, de maneira sucinta, a trajetória do processo de feminização do magistério, atrelado ao discurso liberal da crença na escolarização como forma de ascensão social, o que levava a crer que ninguém era mais bem preparada para a função do que a mulher, que já estava às voltas com o cuidado da família. Verificamos que o magistério foi, desde o princípio, uma profissão-missão, voltada para o cumprimento de um dever sagrado e ninguém melhor que a mulher, dotada dos atributos da maternidade, para desempenhar tal função. Assim, a ideia de uma escola que domestica, cuida, ampara, ama e educa vai colocar na mão das mulheres a responsabilidade de guiar a infância e moralizar os costumes. No entanto, essa trajetória foi paulatinamente se alterando e, apesar de poucas mudanças substanciais, o trabalho feminino deixou de ser apenas vocacional para tornar-se uma necessidade econômica. Verificamos que permanecem inacabados alguns projetos do século XX, outros, embora tenham muita relevância, foram esquecidos na burocracia. No entanto, as discussões continuam, pois ainda há muito a se conquistar.

Indicação cultural

Livro

VIDAL, D. G. (Org.). Grupos escolares: cultura escolar primária e escolarização da infância no Brasil (1893-1971). Campinas: Mercado de Letras, 2006.

Esse livro retrata a trajetória de implantação dos grupos escolares em todo o Brasil, entre a sua regulamentação, em 1894, e a sua extinção, a partir de 1971, com a LDBEN nº 5.692/1971. Representantes do ensino primário brasileiro, os grupos escolares regularam o comportamento, disseminando valores e normas sociais e educacionais.

Atividades de autoavaliação

1. Assinale a alternativa correta:

   a) O regime republicano estimulou a criação de medidas consideradas importantes para o desenvolvimento da educação pública, dentre elas, a formação e a preparação de professores.

   b) O professor deve procurar não se intimidar com os erros do passado, pois estes não irão ajudá-lo em sua prática pedagógica.

   c) A história nos mostra o poder da escolarização, porém não pode modificar a estrutura de uma sociedade.

   d) Família, comunidade e escola devem cumprir o seu papel, cada uma dentro de suas atribuições.

2. A difícil fiscalização do ensino no Império:

   a) facilitava a padronização do currículo educacional.

   b) aproximava pais e professores na tarefa de educar.

   c) deixava os professores mais livres para organizarem o seu trabalho como bem lhes aprouvesse.

   d) permitia que os professores contassem com a ajuda do governo local diante das despesas com o funcionamento da escola.

3. Associe as alternativas da coluna A com as proposições da coluna B:

Coluna A	Coluna B
I. Engendrar	( ) Refere-se a uma proposição apresentada e defendida com argumentos perante uma banca examinadora ou diante da sociedade.

II. Panaceia	( ) Refere-se a algo irrealizável; o mesmo que quimera, fantasia, sonho.
III. Utópico	( ) Diz-se de uma solução pretensamente eficaz para todos os males, sejam eles físicos ou sociais.
IV. Tese	( ) Diz-se de uma norma criada e colocada em prática.
V. Normatização	( ) Refere-se ao ato de imaginar ou inventar.

Assinale a sequência correta:

a) V, III, II, I, IV.
b) IV, I, III, II, V.
c) IV, III, II, V, I.
d) IV, II, V, III, I.

4. Assinale com V (verdadeiro) ou F (falso) as afirmações a seguir:

( ) O magistério foi, desde o princípio, uma profissão-missão, voltada para o cumprimento de um dever sagrado, e ninguém melhor que a mulher, dotada dos atributos da maternidade, para desempenhar tal função.

( ) Os grupos escolares, considerados a criação que melhor atendeu às necessidades do ensino primário, tinham como fator inicial de implantação a reunião, em um só prédio, de quatro a dez escolas.

( ) A educação religiosa passou a ser obrigatória a todos os alunos que frequentassem uma escola pública na província de São Paulo a partir de 1887.

( ) Ao colocar na mão das mulheres a função de educar, cuidar, amar e amparar, a sociedade brasileira pretendeu delegar a elas a responsabilidade de guiar a infância e moralizar os costumes.

( ) Na segunda metade do século XX, as diferenças sociais ainda permeavam a sociedade brasileira. No entanto, a escola não é mais considerada um meio de ascensão social.

5. Assinale a alternativa que melhor descreve a palavra em destaque na afirmação de Saviani et al. (2004), para quem, do ponto de vista administrativo, não há mudanças substanciais na educação do período imperial para o início da república; o único diferencial é a laicidade:

a) Falta de laços entre alunos e professores.
b) Material escolar fornecido pelo regime republicano.
c) Denominação dada aos professores que se destacavam na arte de alfabetizar.
d) Princípio adotado na primeira constituição, que aboliu o ensino religioso nas escolas oficiais.

Atividades de aprendizagem

Questões para reflexão

1. Organize um quadro com a legislação escolar entre o final do século XIX e início do XX, destacando os avanços e retrocessos em cada momento histórico no Estado de São Paulo.

2. Pesquise com seus alunos ou colegas de sala quantos professores do sexo masculino eles tiveram ao longo de sua vida

escolar e qual a opinião deles sobre a quase ausência de homens no magistério. Elabore um relatório com as respostas mais pertinentes.

Atividade aplicada: prática

1. A "feminização do magistério" é tema latente em nossa sociedade em pleno século XXI. Realize uma pesquisa em uma escola de ensino fundamental da sua cidade, verificando a quantidade de docentes efetivos do sexo feminino e do sexo masculino. Se for possível, elabore duas questões relativas à predominância da mulher no magistério e dialogue com dois professores dessa escola, um do sexo feminino e outro do sexo masculino.

   Sugestão de questões:
   - Você concorda que a educação elementar – para crianças de 0 a 10 anos – deve ser ministrada exclusivamente por mulheres? Por quê?
   - Qual a importância de termos a figura masculina em um ambiente escolar?
   - Os pais estão culturalmente preparados para aceitarem um professor do sexo masculino? Por quê?
   - As mulheres são instintivamente mais preparadas para o exercício do magistério? Por quê?

3

Princípios pedagógicos do currículo de formação docente

Neste capítulo, trilharemos os princípios pedagógicos imprescindíveis à formação dos professores, tendo por objetivo demonstrar que é possível alterar o círculo vicioso de má-formação docente, trazendo exemplos de profissionais que, apesar das deficiências na formação, destacam-se em suas práticas e por suas metas. Analisaremos a questão de que as mudanças somente serão possíveis quando houver um envolvimento genuíno e um comprometimento com a melhoria da qualidade da educação.

Há alguns anos, os educadores tinham uma ampla visão das diferentes teorias da aprendizagem e selecionavam aquela que mais lhes aprouvesse, ou misturavam alguns aspectos de todas elas, sem uma preocupação socioeconômica e cultural da realidade. Esse procedimento pretendia demonstrar uma pretensa neutralidade face à realidade do cotidiano escolar (Moysés, 1994).

Atualmente, diante da deficiência na formação dos futuros educadores, os quais, distantes de sua realidade, apresentam baixos índices de aproveitamento, tornou-se necessário repensar o público-alvo das aulas, entendendo que "a aprendizagem dos conteúdos escolares é algo que envolve os processos mentais superiores e se dá no interior de um ser social e historicamente contextualizado" (Moysés, 1994, p. 10-11).

Muitos educadores convivem com algumas questões pertinentes: O que é saber ensinar? Como fazer a aprendizagem ser significativa? Onde estão as falhas? Na formação do educador, nas condições de trabalho, na falta de apoio pedagógico ou no reconhecimento do trabalho?

• • *Onde poderemos buscar as respostas para essas questões?*

Pois bem, elas estão no centro de nosso trabalho: **na escola**. É ali que poderemos verificar e entender por que alguns professores atingem os objetivos de aprendizagem, os quais levam os alunos à compreensão do que está sendo transmitido.

• • *Mas como fazem isso? Qual a metodologia que utilizam? Como entrelaçam teoria e prática?*

Vamos descobrir que, apesar de situações adversas, temos muitas chances de nos tornarmos profissionais capazes e comprometidos com a educação.

Entendemos que saber ensinar pressupõe muito mais do que possuir uma simples habilidade. Saber ensinar requer preparo, compromisso, envolvimento e responsabilidade; "é algo que se define pelo engajamento do educador com a causa democrática e se expressa pelo seu desejo de instrumentalizar política e tecnicamente o seu aluno, ajudando-o a construir-se como sujeito social" (Moysés, 1994, p. 14).

Em alguns momentos, pode ser que nos venha uma certa dúvida:

> O professor sozinho não tem condições de mudar a realidade que é externa à escola!

Porém, podemos afirmar que seu papel como educador tem um peso muito grande na transformação dessa realidade, pois sua interferência nesse processo é muito maior do que ele imagina.

> *Mas como fazer isso?*

Devemos, primeiro, derrubar alguns conceitos enraizados no cotidiano escolar. Conceitos como a improvisação, a falta de bases teóricas sólidas, de conhecimento da realidade na qual e sobre a qual se atua, bem como de material didático-pedagógico, condições físicas inadequadas, pouco tempo para realizar atividades específicas da escola, entre outros.

Há também os fatores externos ao entorno da escola, como a questão política da educação, na qual estão inseridos os discursos oficiais que, na prática, nada dizem e incentivam o aumento de "profissionais mal preparados, desmotivados e, o que é pior, descompromissados com o seu papel de agente de mudança" (Moysés, 1994, p. 16).

Não podemos nos esquecer da falta de autonomia. Muitas vezes, o professor é bem preparado, tem consciência do seu papel de mediador entre o aluno e o saber historicamente acumulado, porém, sofre pressão para executar apenas as determinações dos especialistas, aos quais foi outorgada a tarefa de conceber, planejar e avaliar o processo pedagógico. Tais procedimentos acabam por retirar do professor o conhecimento das concepções teóricas que embasam seu trabalho diário.

> *Diante desse quadro, qual deverá ser a nossa atitude? Enfrentar ou sucumbir?*

A felicidade está em saber que ainda há professores que conseguem realizar com qualidade a tarefa de ensinar, pois aliam competência técnico-pedagógica a um grande empenho em dar o melhor de si. Sentem-se desafiados, mas não desistem. Investem em formação permanente e reflexão cotidiana crítica de sua prática, pois têm consciência de seu papel enquanto transformadores da realidade.

- *Qual a visão que a escola tem do aluno?*

De maneira geral, uma atitude natural da escola pública é enxergar os alunos pobres com preconceito, partindo da premissa de que ele é economicamente desfavorável. Dessa forma, deprecia sua cultura e, consequentemente, o próprio aluno.

Há algum tempo, a família acreditava que o fracasso escolar acontecia por culpa dela própria, no papel de pais, e também dos alunos. No entanto, alguns pais têm percebido que a causa do fracasso escolar de seus filhos, muitas vezes, não está somente no aluno, mas também no professor/educador.

Para Polato (2009), "pais esperam ações dos professores e estes dizem não caber a eles tais tarefas. Professores, por sua vez, depositam nos pais expectativas que eles não têm condições de cumprir". Nesse contexto, é preciso que escola e família busquem ações coordenadas para enfrentar os problemas e resolvê-los.

Em recente reportagem sobre a formação dos professores, Polato (2009) enfatiza que é possível acabar com esse jogo de empurra entre a família e a escola e se chegar a um consenso sobre a formação de crianças e adolescentes. Para tanto, é preciso ter claro alguns pontos sobre esse aluno, sua família e a escola. Relacionaremos, a seguir, quatro desses pontos.

Famílias desestruturadas são um problema para a escola

A dinâmica familiar mudou bastante, trazendo uma abertura para a expressão pessoal e para a autonomia de seus membros. Historicamente, desde a colonização, há diversas formas de uniões, atualmente, isso é legitimado social e juridicamente. A escola não deve sentir essa situação, ou seja, essa desestruturação, como a principal causa do baixo desempenho dos alunos. Alguns psicólogos, professores e assistentes sociais têm entendido que essa desagregação familiar é a causa dos problemas sociais e psicológicos da criança. Porém, não há comprovação desse fato. O divórcio pode, ou não, abalar a vida da criança, mas esta não é uma regra. Já o pouco envolvimento da família nas questões escolares pode, sim, ser entendido como um problema, seja essa família composta de pai, mãe e filhos, ou não.

A família é responsável pelo aprendizado escolar dos filhos

Alguns professores acreditam que o ambiente familiar é o principal responsável pelo sucesso do aluno na escola. No entanto, família e escola compartilham essa responsabilidade, cada um de acordo com suas potencialidades, ou seja, com objetivos, conteúdos e métodos diferentes. A escola responde pelo núcleo formal, ou seja, a leitura, a escrita, a matemática etc, o que não exime a família de, no dia a dia, ensinar conceitos práticos, como identificar quantos ovos e quantas xícaras de leite serão necessários a uma receita. Até o século XIX, a família era responsável pelo ensino e cada uma fazia do seu jeito. Quando a escola passou a cumprir seu papel de formalizar os conhecimentos, ampliá-los e sistematizá-los, essa família se afastou, deixando toda a carga para a escola. Agora é o momento de convocá-la novamente, pois sabemos da importância desse envolvimento.

Os pais nunca estão presentes em atividades da escola

Se a relação escola e família é importante para o aprendizado do aluno, por que essa relação não se configura de fato? É consenso para a maioria dos pais a valorização da educação, ou seja, estudar é importante para a formação de seus filhos. Ter um diploma ganhou importância na vida das pessoas. No entanto, no Brasil, a participação dos pais ainda é relativa. Ela difere de acordo com o local. Regra geral, em cidades pequenas, a participação dos pais é maior. Mas os pais não devem apenas se interessar. Devem entender que sua participação é obrigatória. De acordo com o Estatuto da Criança e do Adolescente (ECA), cabe à família cuidar para que a criança frequente as aulas, sob risco de punição (Brasil, 1990). Em 2008, o MEC, lançou um manual para incentivar essa participação familiar. Outro "incentivo" é dado para as famílias contempladas pelo programa Bolsa-Família, que exige a presença dos pais em reuniões escolares, sob o risco de perder a bolsa.

O tema principal da reunião de pais deve ser o comportamento

Para Polato (2009), o que ainda falta entre escola e família é a comunicação. É preciso adequar os horários das reuniões com a disponibilidade dos pais, bem como escutar a opinião deles, mesmo que não seja relevante. É preciso deixar aberto esse canal de comunicação, na busca por uma aproximação, colocando as questões que impedem esse relacionamento, como: Qual o melhor horário para as reuniões? O que impede ou atrapalha essa participação dos pais na vida escolar? E, após respondidas, a escola deve procurar se adequar e promover essa aproximação.

Reclamar das dificuldades ou deixar de enxergá-las não é a solução. Temos que ter consciência das deficiências – falta de preparo do professor, más condições de trabalho, baixos salários, falhas na formação – e procurar dirimi-las. É preciso apontar as falhas, mas também visualizar e propor soluções. Para Polato (2009), é preciso verificar "como o professor competente organiza, transmite e constrói, com seus alunos, o conhecimento" e quais os fatores que o diferenciam dos outros professores.

Há um consenso sobre a existência de duas vertentes: uma diz respeito ao processo de aprendizagem e outra à concepção de educação. A primeira dá ênfase ao processo interno de construção do conhecimento e não ao comportamento. A segunda enfatiza uma teoria crítica da educação – concepção progressista – para lutar contra a seletividade e a discriminação que acabam por rechaçar as camadas populares.

As bases teóricas para entender o processo de aprendizagem e compreensão podem ser analisadas com base no pensamento de Vygotsky, segundo o qual a aprendizagem pode ocorrer por meio de conceitos, pelo desenvolvimento da consciência, pelo papel que o sistema organizado de conceitos desempenha na direção desses processos e, por fim, através do papel do professor como mediador no processo de ensino-aprendizagem.

Para *Vygotsky* (1987), um conceito se forma mediante uma operação intelectual, em que todas as funções mentais elementares participam de uma combinação específica, do particular para o geral e do geral para o particular, ou seja, para dominar um conceito, o aluno deve ser capaz de generalizá-lo, aplicando-o a outras situações.

Lev Vygotsky

Mesmo entendendo a lógica proposta por Vygotsky, ainda há educadores cometendo equívocos, acreditando que a aprendizagem se faz em torno de conceitos.

De acordo com Antunes (2001), a inteligência é uma escolha. Cabe ao indivíduo decidir sobre as diversas opções de conhecimentos que deseja adquirir e, então, direcionar-se para a melhor opção. O desenvolvimento da inteligência no ser humano está subordinado a dois fatores: a **hereditariedade** e as **adaptações biológicas** que, por sua vez, ocorrem nas **interações sociais**. Ao professor cabe estimular o desenvolvimento de todo esse sistema de inteligência. A definição de inteligência é um potencial biopsicológico do ser humano e cabe ao professor estimular e desenvolver tal potencial.

> A escola brasileira moldou-se em uma inteligência baseada na visão do homem do início do século XX, a qual avalia a inteligência sob dois aspectos: o verbal e o matemático. O verbal sinalizado pelo uso conveniente das palavras, e o matemático, pela capacidade de solucionar problemas antes de qualquer articulação verbal.

No entanto, o ser humano que vai à escola no século XXI é, finalmente, visto de maneira diferente de como o percebiam cem anos antes. É uma criatura holística, de um poder criativo incalculável, pronto para ser estimulado por uma nova escola e por um professor que compreenda a plenitude de sua diversidade. A sala de aula deve ser encarada como um celeiro de criatividade, onde deve existir o respeito às diferenças de opiniões e visões de mundo. Dessa forma, o saber é trabalhado de maneira a ser construído com a participação dos alunos e do professor.

> A sala de aula deve ser encarada como um celeiro de criatividade, onde deve existir o respeito às diferenças de opiniões e visões de mundo.

Não existe um consenso referente ao processo de construção da aprendizagem significativa pelos neurônios no qual as diferentes e múltiplas inteligências são estimuladas. Nós não nascemos com o cérebro vazio. Ao contrário, aprendemos por meio de nossas próprias ações sobre os objetos do mundo, assim, podemos concluir que o aluno que não aprende pode ter sido pouco estimulado a interagir com eles.

> Aquele professor que não estimula o aluno a ter um contato com o objeto, que apenas utiliza a ferramenta da aula expositiva, mesmo que considere essa prática desgastante e cansativa, não está dando oportunidade de aprendizado ao aluno.

O contrário é verdadeiro. O professor que estimula no aluno o desenvolvimento das inteligências múltiplas, levando-o a interagir com o meio e desafiando-o a perceber as diversas formas de leituras possíveis, oportuniza o aprendizado do educando.

Com a velocidade que o conhecimento tem evoluído atualmente, muitas escolas estimulam os alunos a apenas tirarem boas notas e serem aprovados. O sistema político tem colocado metas de crescimento que contam apenas como números, sem se ater à preparação do aluno para uma vida fora dos muros da escola, plena de desafios. É preciso, de uma vez por todas, trabalhar as habilidades do aluno para o exercício da cidadania, na vida social, profissional, enfim, no cotidiano.

Partindo dessa premissa, o professor deve contextualizar o tema e proporcionar experiências acessíveis ao contexto social do aluno. Ele precisa estimular a análise, a pesquisa e a elaboração de relatórios dos temas propostos em aula. O ato criativo do aluno deve sempre encontrar aceitação e compreensão por parte do professor. Os alunos precisam ser estimulados e fortalecidos e não devem ter receio de perguntar ou de se comunicar com o professor.

É importante ressaltar que o aluno não deve aprender apenas a tomar decisões, mas também ser capaz de estabelecer critérios e de ponderar sobre as alternativas apresentadas pelo professor e, futuramente, pela vida.

Trabalhar habilidades é, sem dúvida, uma vontade e uma determinação do professor de valorizar os conhecimentos e o dia a dia de seus alunos. É mais uma ferramenta, um método ou estratégia de ensinar, que fará a aula se tornar mais atrativa e interessante para eles. Valorizar a experiência dos alunos e estimular suas pesquisas, mostrando que as perguntas ou dúvidas são sempre mais importantes que as respostas, significa, também, integrar a ação escolar à realidade da qual fazem parte.

Agindo assim, o professor deixa de ser um treinador de pessoas, para se tornar um transformador de informações em conhecimento; um artesão de relações interpessoais, fazendo de seus alunos, sem exceção, verdadeiros produtores de saber.

Vygotsky dá as bases teóricas para entendermos como se dá a aprendizagem por compreensão. Um dos aspectos destacados por ele é o papel do professor como mediador do processo de ensino-aprendizagem. Para esse teórico, a aprendizagem se faz em torno de conceitos, que se formam mediante uma operação intelectual em que todas as funções mentais elementares participam em uma combinação específica, do particular para o geral e do geral para o particular.

Para a fixação do conceito, o aluno precisa aprender a generalizar, aplicando-o a outras situações. Dessa forma, para que o professor desenvolva o papel de mediador, deve desenvolver algumas atitudes, com destaque para

> Agindo assim, o professor deixa de ser um treinador de pessoas, para se tornar um transformador de informações em conhecimento; um artesão de relações interpessoais, fazendo de seus alunos, sem exceção, verdadeiros produtores de saber.

a de descobrir o que o aluno já sabe; a de organizar de forma coerente e articulada o conteúdo a ser transmitido; a de criar condições para que ele possa passar do particular para o geral e deste para aquele, de tal forma que ele próprio reconstrua o conhecimento. Nisso reside, provavelmente, o processo de aprendizagem escolar. (Moysés, 1994, p. 22-23)

Mas como ocorre essa passagem do particular para o geral?

Ela deve ser articulada com a realidade vivida pelo aluno. Este deve ser inserido no contexto, entendendo que, por trás do particular – como, por exemplo, seu contexto histórico e social –, há a possibilidade de se chegar ao geral – o contexto histórico e social do seu bairro, de sua cidade, de seu país, entre outros. O aluno precisa entender o sentido que aquele conteúdo tem em sua vida, em sua realidade e na sociedade em que está inserido.

Veja um exemplo de uma atividade em que se partiu do particular para o geral:

> Solicitamos a alunos do 6º ano do ensino fundamental, com idade entre 10 e 11 anos, que entrevistassem a pessoa mais idosa da família ou conhecida por eles. As questões eram relacionadas à infância dessas pessoas, lembranças de vida e fatos históricos relevantes para elas, bem como se guardavam algum objeto que trouxesse lembranças ou valor sentimental.

> Os alunos empenharam-se e, na data combinada, cada um apresentou a visão de mundo de seus entrevistados. A pessoa mais idosa tinha 69 anos e a mais nova, 34. Alguns alunos trouxeram para a aula objetos dos entrevistados, aproximando-os ainda mais dos colegas. Durante a apresentação, pedimos que prestassem atenção às apresentações, para que, ao final, fossem capazes de verificar os pontos em comum das entrevistas. Houve uma riqueza de detalhes e observações, como: as mudanças que ocorreram ao longo do tempo, a tecnologia; a violência, as diferenças entre as crianças de antigamente – que começavam a trabalhar muito cedo, por volta dos nove anos – e as de hoje – que somente estudam e brincam, entre outras respostas significativas.
>
> Após verificarmos os pontos em comum, solicitamos a elaboração de uma redação, em que o foco era entender que a memória do passado está viva no presente. Foi um exercício de aprendizagem significativa, no qual os alunos elaboraram textos com um entendimento aprofundado da importância dos mais velhos para a preservação da nossa história.

É importante assinalar que o processo de aprendizagem significativa necessita também de uma atitude de querer por parte do aluno. Não basta ao professor considerar o assunto importante; o aluno também precisa chegar a essa conclusão para se apropriar do conhecimento. E o conhecimento científico, diferentemente do conhecimento espontâneo – aquele que ocorre sem sistematização, desarticulado de um todo –, necessita de uma sistematização para que seja apreendido em sua plenitude, e esta deve ser trabalhada pelo professor de forma intencional, num processo de interação entre ele e o aluno. Na prática, consiste em explicar, dar informações, corrigir o aluno e o fazer explicar. É "o ensinar para a compreensão", o que implica reconstrução, como afirma Moysés (1954, p. 31).

> Formular questões, pedir exemplos, apresentar problemas de uma maneira nova, evitar a rotina, a cópia de modelos, enfim, usar recursos que levem os alunos a pensar e a trabalhar mentalmente o conhecimento são exemplos de como deveria se dar essa interação.

Você, como muitos educadores, poderá questionar:

> *Corrigir o aluno não poderia ser maléfico ao aprendizado?*

Afirmamos que não, pois o corrigir deve ser entendido como uma forma de verificar se houve a compreensão. Podemos iniciar o questionamento indagando como o aluno chegou àquela resposta. O questionamento e a correção são importantes para a aprendizagem. O professor, ao questionar, provocará o desequilíbrio e levará o aluno a avançar na reestruturação. Por essa razão, ele deve considerar a história de vida e o meio familiar e cultural do aluno, pois é através dessa conduta que este vai atribuir sentido ao material utilizado na aprendizagem. Quando o aluno consegue, com suas próprias palavras, expor o conhecimento, é o momento de se ter certeza que a aprendizagem foi significativa.

Mas o que vemos diariamente nas salas de aula é um entendimento equivocado dessa interação, ou seja, o que se cobra do aluno fica somente no "estímulo-resposta". Apesar do fracasso que essa situação causa, ela tem predominado em todos os níveis da educação, inclusive nos materiais disponíveis para uso didático. Esse é um paradigma incutido nos professores desde a sua formação. Estes, por sua vez, também submetem seus alunos-professores a um ensino mecânico, por meio da memorização, apenas para cumprir o papel de ser utilizado para a realização de uma avaliação e descartado em seguida.

> Advém daí a importância de uma mudança na formação do professor, enfocando teoria e métodos que valorizem a construção do conhecimento, a compreensão e sua atuação como ator social, e não apenas a instrução, informação e memorização.

Outra questão a ser analisada diz respeito aos conteúdos programáticos que fazem parte do currículo escolar. Nossas escolas são pensadas para atingir a elite. A abordagem estímulo-resposta funciona para um aluno que tem uma boa bagagem cultural, entre outras razões, por viajar bastante, ter acesso a cinema, teatro, livros, revistas e jornais. O que não ocorre facilmente com alunos das camadas populares, ocasionando o abandono do curso por este trazer conteúdos que parecem estar longe da sua realidade. De acordo com Moysés (1994, p. 35), se a escola pretende "ser um espaço de construção do conhecimento, da apropriação do saber culturalmente valorizado e sistematizado, da instrumentalização de técnicas, da criação e da expressão, espaço, enfim, de acesso aos bens culturais", é preciso, então, preparar os educadores para atender a essa clientela, que é maioria em nosso país, capacitando-os a compreender e a mudar sua realidade.

Segundo Jodelet, citado por Moysés (1994, p. 46), representações sociais são produções baseadas no conhecimento que determinada pessoa ou grupo possui e consistem em "uma forma de conhecimento socialmente elaborado e compartilhado, tendo um objetivo prático e concorrendo para a construção de uma realidade comum a um conjunto social". Quanto maior esse conhecimento, mais coerentes serão as representações de um determinado grupo. Daí a importância da interação do sujeito com o meio ambiente e o surgimento de atitudes de indagação, pois isso precede e estimula a busca do conhecimento e, consequentemente, a formação das representações sociais.

No caso específico do professor, suas representações sociais se formam a partir da interação entre o individual e o social. Ele conta com os conhecimentos adquiridos durante sua formação e com a sua experiência pessoal.

Quando há desacordos nas representações sociais, estas são modificadas. Isso se dá por meio de uma desintegração e uma posterior reestruturação do campo da representação. Citaremos como

> Bons professores se fazem na prática, aliada aos cursos de aperfeiçoamento e atualização.

exemplo a ideia incutida em alguns professores de que o fracasso escolar se deve, exclusivamente, ao fato de os alunos serem carentes física, intelectual e culturalmente. É mais prático colocar a culpa no aluno do que assumir sua própria deficiência. No entanto, quando, por intermédio de cursos ou palestras, os educadores percebem essa sua parcela de culpa, ocorre a desintegração e a posterior reestruturação, ou seja, conceitos e paradigmas enraizados são revistos e reestruturados a partir da nova concepção absorvida. Mas não é tão simples assim. Muitos educadores, mesmo diante do fracasso escolar, negam-se a mudar. A alegria está em saber que muitos professores estão se destacando ao se preocuparem com a melhoria da qualidade do ensino que ministram, estando dispostos a rever suas representações sociais. É o professor engajado e decidido a não compactuar com o fracasso escolar, que nutre um desejo de contribuir com o saber escolar pela defesa de uma vida mais humana e mais digna para seus alunos.

Vejamos alguns exemplos de práticas pedagógicas, a nosso ver, interessantes para que esse círculo vicioso de um professor que finge que ensina e de um aluno que finge que aprende seja excluído de nossas escolas.

Bons professores se fazem na prática, aliada aos cursos de aperfeiçoamento e atualização. Isso quer dizer que a formação inicial deve ser complementada no decorrer do exercício da atividade docente. A experiência adquirida ao longo dos anos proporciona um bom desempenho em sala de aula, fato que, aliado a uma constante busca por novas informações em cursos, palestras, encontros etc., é fator de garantia de um bom profissional de ensino. Se sua formação inicial deixou, ou não, a desejar, não é o momento de ficar se lamentando. Você deve adotar uma atitude de não conformismo e ir à busca de aperfeiçoamento.

> Na prática, quanto maior o conhecimento adquirido em cursos de atualização, maiores condições terá o professor de abordar seus alunos de maneira planejada, na hora certa, conduzindo-os, assim, a uma **aprendizagem significativa**. Isso significa levá-los a reorganizar sua estrutura cognitiva e a reelaborá-la em níveis mais elevados, pois, como vimos anteriormente, aprender é um movimento que inclui passar do particular para o geral e vice-versa.

Aprender é sinônimo de compreender o significado. Partindo dessa premissa, o professor deve estabelecer pontes de ligação entre o novo assunto e o conhecimento anterior do aluno, utilizando questionamentos pertinentes, planejados com o intuito de conduzir o pensamento deste rumo ao novo conhecimento. Muitos professores conseguem resultados satisfatórios ao conduzir passo a passo os alunos à aprendizagem. É a pergunta formulada de maneira a fazer o aluno encontrar a resposta certa, ou melhor, levá-lo a reorganizar sua estrutura cognitiva, no sentido de reelaborá-la em níveis mais consistentes.

E quanto ao erro?

Ele deve ser encarado de maneira positiva, uma vez que o conhecimento será reconstruído a partir dele. O professor deve constantemente incentivar a participação dos alunos, mesmo que haja respostas que lhe pareçam absurdas. Isso porque, com base nessas respostas, o educador poderá solicitar a explicação de como o aluno chegou àquele resultado. Outra atitude considerada importante para a aprendizagem é fazer o aluno refletir sobre o resultado a que chegou. Um exemplo citado por Moysés (1994, p. 69), de uma professora que, diante do erro, disse ao aluno "vai pensar", mostra-nos como essa atitude pode favorecer o aprendizado, pois

> Cada turma é diferente da outra e as regras devem ser elaboradas pensando nessa diversidade.

[...] pudemos perceber que ao agir assim está atuando em favor do aluno. Embora ela não permaneça a seu lado o tempo todo, na verdade não se desliga dele nem de sua dúvida e, consequentemente, do resgate de seu erro. Ao contrário, ratifica, assim, que acredita na sua capacidade, voltando a ele para avaliar seus avanços ou pra orientá-lo, colocando novas questões. (Moysés, 1994, p. 69)

Após a aprendizagem significativa, outro item importante é a **fixação** do que se aprendeu. Há inúmeras formas – agradáveis ou não – de se realizar essa tarefa, muito embora seja uma prática que demande tempo e, geralmente, seja realizada, erroneamente, de forma mecânica. Ao contrário, a fixação da aprendizagem envolve compreensão. Aplicar o que aprendeu logo após a explicação é uma das formas mais utilizadas para uma boa fixação do aprendizado, mas, para ter o sucesso esperado, deve envolver situações reais, que permitam ao aluno compreender melhor o mundo em que vive. É um constante ir e vir.

> Concluímos que saber ensinar pressupõe saber como ensinar. E esse *como* envolve habilidades do professor, como a ordem ou organização, o ritmo, a motivação e a dinâmica da aula. Podemos considerar como organização as regras e rotinas combinadas no primeiro dia de aula e a exigência do seu cumprimento por parte de todos, pois tais atitudes reservam um maior tempo para a aprendizagem.

Cada turma é diferente da outra e as regras devem ser elaboradas pensando nessa diversidade. Ao elaborá-las respeitando as sugestões dos alunos, cria-se um ambiente de respeito e favorável ao estudo, com momentos certos para cada atividade ou atitude.

O **tempo** determinado para cada atividade também deve ser considerado pelo professor. Sabemos que, em uma sala de aula, há alunos que precisam de um tempo menor para desenvolver determinada atividade, enquanto outros demoram um pouco mais. Cabe ao professor pensar em alternativas, como preparar atividades diversificadas para alunos mais rápidos, não os deixando ociosos, o que causaria tumulto na sala.

Quanto à **organização**, ela é necessária em vários aspectos da aula, como a seleção, provimento e uso do material escolar. Sabemos que, ao planejar uma aula, o professor deve sempre pensar na possibilidade da ausência de determinado material e procurar suprir essa necessidade previamente, seja solicitando aos alunos que o providenciem, seja ele mesmo trazendo o material para a aula. Isso é **planejamento**.

> *E quanto à organização da sala de aula? Qual a melhor disposição do mobiliário dentro do espaço físico?*

Via de regra, a maneira mais tradicional são as carteiras enfileiradas umas após as outras. Mas há alternativas pedagogicamente favoráveis, como o formato de ferradura, que permite ao professor dialogar com seus alunos e poder ver os rostos de todos. As carteiras duplas, ou agrupadas pelo professor, aumentam o seu espaço para livre circulação pela sala de aula, além de incentivar o espírito de cooperação entre os alunos. No entanto, a maior vantagem na alteração da organização da sala reside na busca por uma interação maior entre alunos e professor.

A **motivação** é aqui entendida, inicialmente, como o "processo em que o despertar o interesse para aprender se reveste de forte conotação afetiva" (Moysés, 1994, p. 77), que requer um posicionamento do professor para conduzir o aluno na passagem do afetivo para o cognitivo.

> Para que a motivação seja uma ferramenta eficaz no processo de aprendizagem, o professor deve sempre estabelecer uma relação entre o que o aluno conhece e o novo assunto a ser conhecido.

Ao iniciar a abordagem de um novo tema, utilizamos um processo de **indução**, ou seja, lançamos perguntas que são respondidas pelos alunos, de maneira a incentivar a busca da resposta correta. Essa busca pelo saber desperta o entusiasmo dos alunos, que, no decorrer do processo, vão tomando conhecimento do novo assunto. Ao incorporar esse novo conhecimento, os alunos passam a explicar o que entenderam, usando seu vocabulário, e, posteriormente, para verificar se houve a compreensão, o professor solicita que façam uma atividade na qual esse novo conhecimento deve ser utilizado. Para que a motivação seja uma ferramenta eficaz no processo de aprendizagem, o professor deve sempre estabelecer uma relação entre o que o aluno conhece e o novo assunto a ser conhecido, o que, por sua vez, deve ir além de uma memorização momentânea, mas aproximar-se de uma elaboração do conhecimento significativo para o aluno. Daí a importância de se trabalhar com o concreto.

Alguns professores acreditam que a afetividade é a principal ferramenta da motivação. Acreditamos que a junção dos dois – **afetividade** e **cognição** – seja o diferencial para que o assunto a ser ensinado seja significativo. É estimular, o tempo todo, o processo indutivo do aluno, no qual o saber vai sendo elaborado a partir do conhecimento deste.

> para o aluno, aprender é atribuir significado a um determinado conteúdo, é reconstruí-lo em sua estrutura cognitiva, conforme afirmam os teóricos cognitivistas da aprendizagem... é estabelecer relação entre o novo e o conhecido, integrando-o num todo. Em outras palavras, aprender é ser capaz de expressar o conteúdo com as próprias palavras, aplicá-lo a situações concretas de vida; é ser capaz de perceber generalizações e casos particulares; é enfim, desenvolver a capacidade de se apropriar do conhecimento, usando-o de forma significativa. (Moysés, 1994, p. 82)

Saber ensinar também pressupõe saber por onde está passando a aprendizagem do aluno, perceber suas limitações, entraves e ritmo, direcionando todas as suas potencialidades para essa aprendizagem. Isso significa controle e acompanhamento da vida escolar de seus alunos.

Mas e quanto à disciplina em sala de aula?

Para alguns educadores, **disciplina** pressupõe alunos imóveis e mudos. Muitos autores têm se debruçado sobre essa questão e chegado à conclusão de que os alunos aprendem melhor em aulas nas quais podem participar ativamente, sob a orientação e supervisão do professor. Outros tantos defendem que a indisciplina ocorre por uma posição alheia do aluno aliada à indiferença do professor.

Percebemos, assim, que um clima amistoso em sala de aula entre professor e alunos favorece um ambiente de respeito e de disciplina. Ao andar pela sala, estimulando e encorajando os alunos, acompanhando seus progressos e dando dicas que os ajudem a chegar ao acerto, o professor cria esse ambiente propício à aprendizagem. Os professores devem entender que a sua função é levar os alunos ao acerto e não ao erro, muito embora o erro seja uma ferramenta importante para detectar o nível de aprendizagem destes. O importante, nesse momento, é impedir que os alunos mais adiantados façam comentários maldosos sobre os erros dos que ainda estão a caminho do acerto – o que causaria um efeito inverso –, mas estimular o aprendizado, mantendo a autoconfiança do educando. Para tanto, podem utilizar-se dos elogios e advertências, sempre na medida exata, sem exageros ou redução.

Para Vichessi (2009), por trás do problema da indisciplina, considerado um entrave para a boa educação, está a falta de

> Quando um determinado combinado não é compreendido pelos alunos, eles passam a descumpri-lo, principalmente se as permissões, proibições ou castigos foram impostos, sem uma prévia negociação.

conhecimento sobre o tema e de adequação das estratégias de ensino. O sonho com uma turma atenta e motivada só poderá ser real se o professor iniciar mudanças em si próprio, revendo seu conceito de indisciplina. Entendemos *indisciplina* como o descumprimento de dois tipos de regras: as morais e as convencionais.

As **morais** são aquelas baseadas em princípios sociais, que visem ao bem comum, como não xingar ou bater; as **convencionais** são as definidas por um determinado grupo, com objetivos comuns, como não usar o celular em sala de aula, entre outras.

Quando um determinado combinado não é compreendido pelos alunos, eles passam a descumpri-lo, principalmente se as permissões, proibições ou castigos foram impostos, sem uma prévia negociação. A autora defende, ainda, que os alunos devem ser ensinados a aprender o valor das regras, bem como o respeito a elas, num movimento contínuo de construção e reavaliação. Esperar que os alunos, espontaneamente, saibam se portar perante os outros é um engano. O professor deve tratar as questões relativas à moral e à vida em grupo como conteúdos de ensino.

Até os nove anos, a autoridade é fundamental para um bom andamento das relações. E essa autoridade só é conquistada por meio do domínio, pelo professor, do conteúdo que irá ministrar, de estratégias eficientes de ensino e através do respeito do aluno pelo professor, respeito este conquistado no dia a dia. Após essa faixa etária, inicia-se o desenvolvimento da moral autônoma, que "só passa a existir quando as relações entre crianças e adultos (e delas com elas mesmas) são baseadas na cooperação e no entendimento do que é ou não moralmente aceito e por quê" (Vichessi, 2009, p. 81).

A união entre professor e equipe escolar também é considerada importante para a criação de um ambiente cooperativo e, consequentemente, para a manutenção da disciplina. Para tanto, são necessários autorreflexão, formação e esforço da equipe escolar, unindo discurso e prática, estimulando atitudes de honestidade e de respeito entre todos. As ações devem ser realizadas com calma, inclusive o ato de advertir o aluno sobre uma atitude inadequada. "É preciso chamar a atenção, mas sempre com respeito e mostrando que o grupo é que está sendo prejudicado[...], tratar o estudante dessa forma faz com que ele também perceba como agir em momentos de conflito" (Vichessi, 2009, p. 87).

> Embora o enfoque aqui seja a formação do professor, não poderíamos deixar de abordar o tema da indisciplina, por ser um tema que acreditamos permear o cotidiano de muitas salas de aula, uma vez que este trata-se de um ambiente em constante movimento. Portanto, será preciso manter esse tema sempre em alerta.

Em alguns momentos, pode ser que as regras não estejam funcionando, ou sejam desnecessárias, e isso seja observado pelos alunos. É preciso considerar esse momento para desenvolver a autonomia deles, considerando suas ponderações e os escutando. É um momento rico, em que o aluno espera sua ajuda para pensar, bem como para que o convença a gerenciar de forma autônoma essa vivência em sociedade. A verdadeira sistematização do conhecimento exige uso da lógica e da coerência. Ao professor cabe envolver todos os alunos, fazendo-os pensar, induzindo a busca por generalizações mais amplas para o assunto ensinado. É a condução do processo indutivo, utilizando-se de exemplos e caminhando do particular para o geral e do geral para o particular, culminando com a explicação do assunto de diferentes formas.

> Essas atitudes nos mostram com clareza a definição dos papéis entre aluno e professor: eles são parceiros, educadores e aprendizes. Nessa relação, em muitos momentos, o educador aprende com o aprendiz.

Os momentos de planejamento das aulas, os quais oferecem oportunidade ao professor de saber exatamente aonde quer chegar, são importantes no processo de aprendizagem. Embora haja particularidades e diferentes formas de se chegar à apreensão do conhecimento, o mais importante é chegar. E esse **chegar** pressupõe o estabelecimento de relações normais e sem bloqueios dos alunos com o objeto do conhecimento, aliado a uma saudável interação professor-aluno. Alguns dados nos mostram que essa interação geralmente é intensa e calorosa, incluindo respeito, compreensão, estímulo à autonomia. Ela também leva o aluno a refletir, a tomar iniciativa e a pensar por si próprio, o que nos mostra que não é uma atitude paternalista, mas uma maneira de formar esse aluno para a vida fora do ambiente escolar, formar cidadãos.

Essas atitudes nos mostram com clareza a definição dos papéis entre aluno e professor: eles são parceiros, educadores e aprendizes. Nessa relação, em muitos momentos, o educador aprende com o aprendiz.

Outra atitude que colabora com a aprendizagem é o estímulo às atividades em grupo, pois acreditamos que esse recurso proporciona o desenvolvimento da interação dos alunos em momentos de colaboração mútua, estimulando o respeito e a solidariedade entre eles. Agrupar alunos com saberes diferentes e diversidade de posições é uma poderosa forma de estimular a aprendizagem de todos. Já em 1930, Vygotsky chamava a atenção para a importância da interação entre a criança e o professor e entre a criança e outras crianças em uma situação de aprendizagem.

Muitos professores não utilizam o agrupamento dos alunos de forma criteriosa. Uma sugestão para que isso não aconteça é observar se a atividade a ser desenvolvida requer trabalho em grupo ou se deve ser realizada individualmente, buscando praticar a que trouxer resultados mais satisfatórios. O que não pode ocorrer é que apenas um aluno do grupo faça tudo, enquanto os outros se dispersam, pois assim a produção final não será coletiva e, portanto, o agrupamento não terá cumprido sua função de estimulador do aprendizado. Atividades em grupo, realizadas por meio da troca de saberes com os colegas e com pouca interferência do professor, são as que ganham mais significado para os alunos.

Nada do que abordamos anteriormente teria efeito sem o compromisso do professor com o destino de seus alunos. O compromisso é a razão do bom desempenho. De acordo com Moysés (1994, p. 102), ao analisar os dados dos discursos de um grupo de professoras, ficou patente esse compromisso como a mola propulsora das ações "não temos dúvida que é esse compromisso que norteia sua prática. É ele que as inquieta e as leva a se aprimorarem, a buscar novas alternativas de ensino; é ele quem as faz serem, antes de tudo, professoras extremamente responsáveis". E isso inclui a busca por capacitação, assiduidade, pontualidade, aproveitamento do tempo em sala de aula, interesse pelos alunos, entre outros. E acrescentamos a toda essa relação a reflexão crítica, coletiva e cotidiana da prática profissional.

> O interesse pelos alunos inclui a negação de que estejam fadados ao fracasso escolar, somente por pertencerem às classes populares. Por acreditar na responsabilidade do educador em mudar o futuro de seus alunos, o professor que assim pensa se esforça, aprimorando-se cada vez mais para promover um ensino de qualidade.

Esse **aprimorar-se** advém do reconhecimento público de seu trabalho pelas instâncias superiores, pelos colegas e pais de alunos, bem como da constatação de que está alcançando resultados com seus educandos e também conseguindo avançar em seu próprio aprimoramento, ou seja, em sua prática profissional.

Com relação ao currículo, no ensino fundamental a ênfase recai sobre o essencial, sendo este adaptado à clientela, partindo sempre da realidade do aluno. Isso porque há uma preocupação com a formação do cidadão. São comuns as referências à leitura, à escrita, à interpretação e ao cálculo, bem como aos temas ligados à higiene e à saúde.

Já a relação teoria e prática tem deixado a desejar. Considerar que pouco ou nenhum destaque se dá às teorias nos cursos de formação, bem como afirmar, que, no geral, valorizam-se os aspectos práticos em detrimento dos teóricos, está além da realidade.

Muitos cursos têm em sua matriz curricular disciplinas extremamente teóricas, cuja abordagem é superficial, sem um aprofundamento, levando os alunos dos cursos de graduação a não se apropriarem delas no embasamento de suas práticas. Entendemos que o professor deve ser levado a realizar uma relação dialética entre teoria e prática num eterno ir e vir, levando seus alunos a conseguirem associar uma à outra. Nas salas de aula, o que se percebe é o uso do bom senso na condução da prática, e não uma aplicação consciente de princípios teóricos, o que consideramos um problema a ser solucionado na formação dos educadores daqui por diante.

Abordamos essa questão por entender que ela é importante para a extinção das falhas e contradições ainda presentes nas salas de aula, como: a falta de alinhamento entre os conteúdos e o nível do estágio evolutivo dos alunos, ou seja, alunos em estágio de desenvolvimento anterior ou avançado em relação ao nível da turma; a desarticulação entre os conteúdos trabalhados e os níveis de abstração e generalização dos alunos; a falta de coerência entre os princípios que norteiam a prática pedagógica. Entendemos que é preciso repensar a escola que forma esses professores, estimulando a autonomia, a independência e a adoção de uma prática crítica e reflexiva, a qual será transmitida aos alunos dos professores-estudantes.

Síntese

Neste capítulo, verificamos princípios pedagógicos imprescindíveis à formação dos professores, demonstrando, com a utilização de alguns exemplos, que, apesar das inúmeras deficiências na formação, há profissionais se destacando em suas práticas e metas. Também verificamos a importância da união entre teoria e prática e que bons professores nem sempre tiveram uma boa formação inicial; estes, no entanto, não desistiram e foram em busca de aperfeiçoamento, obtendo, ao longo dos anos de prática associada à formação continuada e reflexão crítica, melhores resultados na aprendizagem de seus alunos. Pudemos analisar ainda como se processam as mudanças, entendendo que o envolvimento, o comprometimento e a motivação de professores e alunos são imprescindíveis para a melhoria da qualidade da educação.

Indicações culturais

Filme

EDUCAÇÃO. Direção: Lone Scherfig. Produção: BBC Films; Endgame Entertainment. Inglaterra: Sony Pictures Classics, 2009. 95 min.

Nesse filme, uma jovem inglesa vive em dúvida sobre qual tipo de educação quer ter: se a escolar ou a da vida.

Livro

LA TAILLE, Y.; OLIVEIRA, M. K.; DANTAS, H. Piaget, Vygotsky, Wallon: teorias psicogenéticas em discussão. 13. ed. São Paulo: Summus, 1992.

Esse livro nasceu da preocupação com a reprovação, a evasão e o fracasso escolar na década de 1980. As autoras propõem que pensemos sobre o assunto, tanto no campo teórico quanto no embasamento da prática pedagógica, discutindo três importantes teóricos que tratam de questões ligadas ao desenvolvimento e à aprendizagem. Para um melhor aproveitamento do conteúdo, elabore, após a leitura, uma resenha com uma conclusão pessoal.

Site

REVISTA NOVA ESCOLA. Projeto institucional: repensar a indisciplina. Disponível em: <http://revistaescola.abril.com.br/gestao-escolar/diretor/repensar-indisciplina-gestao-equipe-comportamento-respeito-autonomia-504350.shtml>. Acesso em: 3 jun. 2010.

Esse projeto visa lançar um novo olhar sobre o problema da indisciplina e de como lidar com ela.

Atividades de autoavaliação

1. Assinale a alternativa *incorreta*:
   a) Saber ensinar pressupõe saber como ensinar.
   b) Para ensinar, o professor deve desenvolver habilidades como organização, ritmo, motivação e uma boa dinâmica de aula.
   c) Combinados e regras são importantes para preservar um ambiente propício à aprendizagem.
   d) Para ensinar, o professor deve dominar a sala, mantendo a disciplina.

2. Assinale a alternativa correta:
   a) Família e escola são responsáveis pelo sucesso na aprendizagem do aluno.
   b) A escola deve cumprir seu papel de formalizar os conhecimentos dos alunos sem contar com a família.
   c) Para conseguir envolver a família, a escola deve promover festas e eventos voltados à comunidade em que está inserida.
   d) Desde o século XIX, a família não é mais responsável pelo ensino, e sim o Estado.

3. Um dos entraves para muitos educadores é a falta de autonomia. Isso se deve:
   a) ao comodismo de muitos professores que acreditam estar apenas cumprindo ordens.
   b) ao momento histórico vivenciado pela educação, de imposição dos poderes públicos.

c) à pressão para apenas executar as determinações dos especialistas, aos quais foi outorgada a tarefa de conceber, planejar e avaliar o processo pedagógico.

d) à falta de conhecimento das concepções teóricas que embasam o trabalho do professor.

4. Assinale V (verdadeiro) ou F (falso) para as seguintes afirmações:

( ) É consenso para a maioria dos pais a pouca valorização da educação, ou seja, estudar não é importante para a formação de seus filhos.

( ) Vygotsky dá as bases teóricas de como acontece a aprendizagem por compreensão. Um dos aspectos destacados por ele é o papel do professor como mediador do processo de ensino-aprendizagem.

( ) Para Vygostky, a aprendizagem se faz em torno de conceitos que se formam mediante uma operação intelectual em que todas as funções mentais elementares participam em uma combinação específica, do particular para o geral e do geral para o particular.

( ) De acordo com o Estatuto da Criança e do Adolescente (ECA), cabe à família apenas cuidar para que a criança tenha uma boa alimentação, ficando isenta de assuntos relativos à vida.

5. Assinale a alternativa que melhor descreve a necessidade da organização do mobiliário em sala de aula, de forma a incentivar o diálogo entre professor e alunos:

a) Ela não é necessária, o professor deve apenas pensar no conteúdo a ser ensinado.

b) Ela é uma das ferramentas de ensino-aprendizagem por indicar o planejamento do espaço pelo professor.

c) Cabe à escola organizar a sala de aula e ao professor, apenas lecionar.

d) Os alunos devem ser orientados a manter sempre a mesma organização do mobiliário em sala de aula.

Atividades de aprendizagem

Questões para reflexão

1. Realize uma visita a uma escola de ensino fundamental, com alunos entre 7 e 11 anos, e verifique se há, nas salas de aula, os quadros com os combinados da turma. Relacione pelo menos quatro deles. Pergunte aos professores se esses combinados são cumpridos no dia a dia, bem como se há momentos para a reavaliação e a incorporação de novas regras. Faça um relatório e discuta com seus colegas.

2. Realize uma pesquisa sobre o termo *bullyng*. Em seguida, pergunte a alguns alunos e professores do ensino fundamental sobre essa prática nas escolas e quais os caminhos encontrados para evitá-la.

Atividade aplicada: prática

1. A teoria construtivista defendida por Vygotsky e Piaget, embora esteja "na ordem do dia", ainda causa alguns equívocos por parte de alguns professores.

    Nessa atividade, você deverá pesquisar a teoria proposta por Vygotsky e elaborar um relatório em linguagem de fácil compreensão sobre a aplicação de alguns de seus conceitos, de maneira prática, em uma sala de aula com crianças entre 4 e 5 anos.

4

Práticas educativas e sua importância no processo de ensino-aprendizagem

O principal objetivo deste capítulo é a abordagem de algumas práticas educativas aplicadas com sucesso por profissionais da educação, que poderão exemplificar e contribuir para a adoção, pelo professor, de uma postura responsável pela condução, pelo estímulo e pela participação na sua formação, bem como na formação intelectual de milhares de alunos, influenciando muito mais com sua maneira de agir do que com os conteúdos que explica.

studos revelam que o **cérebro humano** – órgão essencial no processo de aprendizagem – possui dois hemisférios: o direito e o esquerdo. O hemisfério direito controla o lado esquerdo do corpo e o hemisfério esquerdo, o lado direito. A totalidade da aprendizagem adquirida ao longo da vida encontra-se no hemisfério central esquerdo. Estima-se que a linguagem e as aptidões de aproximadamente 98% das pessoas estejam no hemisfério esquerdo do cérebro, daí sua supervalorização até a década de 1950, quando estudos comprovaram a importância da interação entre os dois hemisférios na busca pelo desenvolvimento da inteligência.

Se valorizarmos somente a concepção de que o lado esquerdo é o mais importante

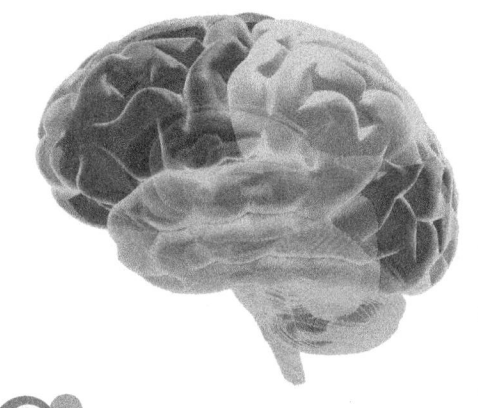

Cérebro humano

Luciano Cequinel

no processo de aprendizagem, priorizaremos os estímulos teóricos e teremos um acúmulo de conhecimentos sem a vivência prática. Nesse sentido, não podemos desprezar o hemisfério direito.

- *Mas o que fazer para estimular o lado direito do cérebro?*

Ainda de acordo com estudos voltados à área psicológica, o lado direito do cérebro é estimulado empiricamente, ou seja, na prática, por meio de jogos lúdicos que auxiliam o desenvolvimento do aprender a aprender.

Educar pressupõe o desenvolvimento de técnicas de estímulo da mente humana, ou seja, "animar", "acordar" a mente. E esses estímulos, para termos resultados mais satisfatórios na aprendizagem, devem ser voltados para a interação dos dois hemisférios.

- *Mas como proceder? Quais as técnicas e práticas eficazes nessa estimulação?*

É preciso ter claro que o hemisfério esquerdo é verbal e analítico. Na prática, conforme Antunes (2007, p. 16), "quando você trabalha coisas pequenas com as mãos, conversa, busca ordem e razão nas ideias, faz cálculos e dá uma de São Tomé, só acreditando no que vê, está agindo de forma bem mais intensa com seu hemisfério esquerdo".

Já o hemisfério direito é rápido, complexo, espacial, perceptivo e configuracional, ou seja, exalta a liberdade de aceitar informações ao acaso, sem se preocupar com a análise destas, detendo-se diante de uma nova ideia apenas o tempo necessário para percebê-la, sem, no entanto, interiorizá-la. Na prática, ainda de acordo com Antunes (2007, p. 16-17), é do lado direito que "quando você imagina uma cena ou uma figura, pensa no espaço e é capaz de transformar esses pensamentos, quando se emociona com a música, prefere ver as coisas de forma global e não particularizada e inverte a atitude 'São Tomé', preferindo primeiro acreditar para só então ver".

Para estimular o lado esquerdo do cérebro, o professor deve levar os alunos a aprender a articular seus interesses e pontos de vista, formular e reformular hipóteses, estimular o desenvolvimento da capacidade expressiva por meio de manifestações das emoções, sentimentos, ideias, pensamentos, desejos, vontades, desagrados e necessidades essenciais, levando-os a agir com autonomia, fazendo uso de atividades que utilizem a manipulação de objetos pequenos com as mãos, estimulem a conversa em grupo, a escrita, a organização, a busca da ordem e da razão nas ideias, o cálculo e o visual.

Antunes (2007) afirma que exercitar a mente estimula o desenvolvimento de uma maior capacidade cerebral. Essa capacidade cerebral ficará ativa por muitos anos, proporcionando uma velhice mais lúcida.

Sendo assim, o educador deve coordenar essa estimulação, dosando exercícios neuróbicos, ou seja, que estimulem os dois hemisférios cerebrais. Entre esses exercícios, o educador pode preparar atividades que estimulem o aluno a treinar a sensibilidade olfativa, o paladar, os diferentes usos para objetos comuns, a transposição de textos para imagens, a inserção de frases curtas, as experiências de analogias e a explorar a intuição, entre muitas outras coisas.

Nessa "brincadeira", o professor deve ser o condutor do processo, estabelecendo com o grupo algumas regras, como:

- não permitir que se emitam julgamentos sobre as pessoas ou ideias apresentadas por elas;

- garantir que haja respeito pelos erros dos outros;
- valorizar mesmo as ideias consideradas mais malucas, que também devem ser bem-vindas;
- estimular a participação de todos, pois vale mais o erro de quem participa do que o silêncio dos que se omitem, ou seja, quanto mais ideias, melhor;
- intervir mesclando combinações, melhorando ideias expostas ou ampliando sua dimensão.

Enfim, trabalhar o desenvolvimento de ambos os hemisférios do cérebro é papel importante no dia a dia do professor, pois ele é o agente que, junto com os alunos, irá construir um processo de aprendizagem significativo, que valorize as múltiplas capacidades de aprender a aprender.

> Uma atividade interessante para estimular os hemisférios direito e esquerdo do cérebro é o **jogo do telefone**. Essa atividade consiste em dividir a sala em grupos de três a cinco alunos, podendo durar o tempo que o professor considerar significativo. Ela também pode ser realizada após uma exposição, uma pesquisa em grupo ou uma análise de texto. É uma atividade verbal que desperta o interesse dos alunos e, de quebra, ajuda na manutenção da disciplina. O professor deve organizar uma conversa imaginária ao telefone entre duas pessoas. Essa conversa pode estar atrelada ao assunto discutido anteriormente. Ele redige a fala das duas pessoas, mas passa para os alunos apenas a fala de um, e os alunos devem completar o diálogo, usando tudo o que sabem sobre o tema.

A tarefa que cabe aos grupos é criar um diálogo lógico e estimular o hemisfério esquerdo do cérebro. Ao explorar a integralidade, a intuição e a síntese coerente dos participantes do grupo, essa atividade cumprirá o objetivo primeiro, que é estimular o hemisfério direito do cérebro.

Por exemplo: pode-se pensar no diálogo entre dois personagens da história, ou entre órgãos do corpo humano, gênios da literatura, entre outros. A avaliação pelo professor, após receber os textos, deve levar em consideração a contextualização do tema, a coerência, a criatividade etc., bem como a relação com a faixa etária dos alunos.

Outra atividade é a simulação de um tribunal de júri, na qual o professor apresenta uma ideia sobre um determinado tema, dando opiniões que divergem entre si. Os alunos se dividem em grupos e o professor sorteia o grupo que vai ser a defesa e o que vai ser a acusação.

De acordo com Rossini (2003), toda aprendizagem só é incorporada à nossa vida quando é significativa, contínua, gradativa e dinâmica. Para aprender, o ser humano precisa desejar algo, observar, fazer e obter alguma coisa. Há etapas para que essa aprendizagem aconteça. A primeira delas, com papel decisivo sobre a aprendizagem, é a motivação, seguida por objetivos e metas (é importante que os objetivos dos alunos e professores estejam em harmonia), prontidão (estar preparado física e psicologicamente, ter a maturidade para aquele nível de aprendizado, dificuldade ou momento de tensão, os quais devem ser sentidos pelo professor, evitando entraves e posterior desistência), respostas, que serão alcançadas vencidas as dificuldades, reforço do aprendizado e generalização, etapa final do processo, em que, a cada fato novo, o aluno recorrerá à sua base de experiências.

> Toda aprendizagem só é incorporada à nossa vida quando é significativa, contínua, gradativa e dinâmica.

Há fatores que favorecem o bom desempenho dos estudantes, gerando bom relacionamento entre professores e alunos, docentes com formação sólida, avaliação sistemática, material didático suficiente, prédios adequados, famílias participativas e ambiente emocional adequado. Ao professor cabe dominar os conteúdos de sua disciplina, mas também saber acolher as turmas, trabalhando interesses e sentimentos. Se há ociosidade em sala de aula, isso causa o tédio e, consequentemente, a indisciplina, principalmente na faixa etária dos alunos entre 9 e 14 anos.

> O professor não precisa ser amigo dos alunos. Pode e deve usar sua autoridade para advertir sobre atitudes inadequadas – o que é diferente de ameaçar com castigo, notas baixas e punições. Para isso, deve escutar e aceitar seu aluno sem preconceito, entendendo que ele (o aluno) não é só razão, mas um conjunto formado por razão, emoção e corpo.

O professor precisa, ainda, procurar identificar e conhecer suas próprias emoções, para, a partir daí, poder "ver" as emoções das pessoas – no caso, os alunos – ao seu redor.

Para Casassus (2008), o professor pode desenvolver essa percepção a partir de sete passos ou atitudes indicados para trabalhar a educação emocional:

1 Dar-se conta dos próprios sentimentos.
2 Observar o que ocorre em cada turma.
3 Entender as pessoas para estabelecer conexões com elas.
4 Cuidar da qualidade dessas interações.
5 Ter consciência das ligações entre as coisas que acontecem na aula.
6 Demonstrar empatia pelo que acontece com o outro.
7 Responsabilizar-se pelo que ocorre em sala de aula, sem procurar fora dela culpados pelos insucessos.

Para Antunes (2001, p. 15): "É impossível ao professor ensinar alguma coisa a alguém se não associar o conceito novo que traz aos conceitos espontâneos que o aluno tem". Faz-se necessária, então, uma sondagem para saber o que o aluno sabe, para, a partir daí, construir os novos saberes.

Precisamos mudar as táticas de ensino. A aula expositiva é uma ferramenta de ensino, mas está longe de ser a mais amada. Coloque-se na posição do aluno: ele certamente está cercado de tecnologias (como *video game*, internet, *iPod* etc.) e, portanto, não terá paciência para permanecer muito tempo imóvel na carteira. É preciso dosar as formas de ensinar, simulando atividades do cotidiano do aluno, fazendo-o participar.

Para que isso aconteça, promova exposições, jogos operatórios, trabalhos em grupo etc. Dê oportunidade de participação efetiva aos alunos, que, assim, poderão falar, opinar, debater, sugerir, brincar, decifrar códigos etc. e aprender de forma significativa. As respostas devem ser encontradas pelos alunos. Estimule-os a pesquisarem, a refletirem e a se envolverem com o assunto. Ao final, perceberá que quem realmente fez todo o processo foram eles – você somente os conduziu ao conhecimento.

Desde 1996, a LDBEN sinalizou o aumento do número de anos da educação básica, incluindo uma clientela de menor idade – 6 anos – no processo de escolarização. É um avanço, pois isso já ocorria com as classes sociais mais favorecidas e, por meio da lei, passou a atingir também as classes mais pobres, dando oportunidade de melhoria do desempenho dos estudantes ao longo da vida escolar. Alguns educadores acreditam que os alunos tendem a ter melhores resultados com o passar dos anos.

Receber esses alunos requer alguns ajustes, como salas de aula e mobiliário adequados, professores capacitados, construção de um currículo específico, que deve focar o ensino dos conteúdos das diversas disciplinas, preservando, assim, a infância. Também é preciso detalhar, em documento específico, as expectativas de aprendizagem e as tarefas necessárias para alcançá-las, ou seja, os objetivos, os conteúdos e as atividades.

Os Parâmetros Curriculares Nacionais – PCN (Brasil, 1997) estabelecidos pelo MEC redefiniram os conteúdos do ensino fundamental e também propuseram novas maneiras de abordá-los. Eles fornecem subsídios teóricos e metodológicos que devem ser analisados e interpretados pela equipe pedagógica da escola. São orientações e referências para cada etapa do ensino fundamental e médio. Para o ensino fundamental, estabelecem os critérios de seleção e organização de conteúdos, que devem se basear na relevância social, nas características dos alunos e do local onde eles vivem. Esses conteúdos podem ser trabalhados em três blocos:

- esportes, lutas e ginástica;
- atividades rítmicas e expressivas;
- conhecimento sobre o corpo.

Além das áreas tradicionais do conhecimento, os PCN propõem a discussão dos temas transversais, considerados fundamentais para o exercício da cidadania, como saúde, ética, pluralidade cultural, meio ambiente, orientação sexual, trabalho e consumo.

Advém daí a necessidade de estudos e compreensão do que se pretende com o processo de ensino-aprendizagem. É fundamental um referencial para o ensino e aprendizado dos conteúdos científicos e escolares de acordo com cada nível de ensino. No ensino fundamental, é importante o estudo comparado, visto que os alunos ainda estão num estágio operatório-concreto e, desse modo, precisam visualizar e sentir os objetos para chegar à compreensão deste – isso é trabalhar com o concreto.

Listamos a seguir alguns recursos simples que ajudam na compreensão:

- tiras de papel colorido;
- figuras de revistas sobre diversos temas;
- folhetos de supermercado – classificação dos alimentos, exercícios matemáticos;
- dramatização;
- aulas no pátio – pontos cardeais com a sombra do aluno;
- materiais da sala – giz, cadernos, lápis.

Esse é um momento em que, para que um conteúdo analisado seja significativo para o aluno, deve ser valorizada a experiência vivida por ele.

> O professor deve ter consciência de seu papel de promotor dos avanços no desenvolvimento dos alunos, tendo claro que **o conteúdo é o pretexto para o aprendizado**.

> Acreditamos que a aprendizagem dos alunos deve ser estimulada pelo professor, ao este criar condições adequadas nas quais os alunos possam desenvolver suas potencialidades, interagindo, dialogando, discutindo, dividindo informações com seus pares, tendo liberdade para expor suas dúvidas, erros e acertos, tudo isso aliado a uma proposta pedagógica relevante.

O professor deve ter consciência de seu papel de promotor dos avanços no desenvolvimento dos alunos, tendo claro que o conteúdo é o pretexto para o aprendizado, para o refinamento do olhar e uma nova forma de interpretar o mundo, bem como para participar da transformação desse mundo. É dessa forma que, como professores-educadores, acreditamos ser possível formar cidadãos críticos, competitivos, capacitados e agentes transformadores de sua própria vida e da realidade que os cerca.

Síntese

Neste capítulo, abordamos algumas práticas educativas aplicadas com sucesso por profissionais da educação e que podem contribuir para o objetivo maior desta obra: a busca pela excelência na formação dos educadores, a adoção de posturas responsáveis perante a condução, o estímulo e a participação na formação intelectual de milhares de alunos, a consciência de sua influência sobre a formação doa alunos, muito mais pelo agir do que por meio dos conteúdos que explica. Observamos que a conectividade entre professor e aluno – ou seja, que alunos e professores estejam prontos a escutar um ao outro, a aceitar-se sem preconceitos e a enxergar-se como seres humano – deve permear essa relação educativa. Por sua vez, o professor, identificando e conhecendo suas próprias emoções, poderá enxergar as emoções de seus alunos.

É importante destacar que, qualquer que seja o conteúdo, ele nunca é um fim em si mesmo, e sim apenas um pretexto para se aprender a pensar e a questionar o próprio conhecimento; para se compreender que aprender não é reproduzir verdades alheias, mas olhar o mundo colhendo dados, interpretando-os, transformando-os e tirando conclusões sobre eles.

Indicações culturais

Filme

QUEM QUER ser um milionário. Direção: Danny Boyle. Produção: Celador Films; Film4. EUA; Inglaterra: Fox Searchlight Pictures; Europa Filmes, 2008. 120 min.

Filme que retrata a trajetória de Jamal, um garoto indiano que não frequentou nenhuma escola e, aos 18 (dezoito) anos, ganha um prêmio milionário de 20 milhões de rúpias na versão indiana do programa Who Wants To Be A Millionaire? *respondendo a questões de conhecimento geral somente com a sua experiência de vida.*

Livro

FREIRE, M. **Educador**: educa a dor. São Paulo: Paz e Terra, 2008.

Nesse livro, a autora – filha de Paulo Freire – apresenta suas reflexões e experiências pessoais, mostrando diversas maneiras de como se tornar um educador. Em uma linguagem cheia de poesia, apresenta aos professores as dores e os prazeres da realidade de um educador e estimula a educação com autenticidade, sem deixar de lado a reflexão em seu fazer pedagógico.

Site

UDEMO - Sindicato de Especialistas de Educação do Magistério Oficial do Estado de São Paulo. Disponível em: <http://udemo.org.br/Leituras_212.htm>. Acesso em: 12 jan. 2010.

Nesse site você terá acesso ao artigo "Merecido apoio aos professores", de Antônio Ermírio de Moraes, no qual ele faz uma reflexão sobre a importância da valorização da carreira de professor.

Atividades de autoavaliação

1. Assinale a alternativa correta:
    a) Para aprender, os seres humanos precisam de contato com outras pessoas.
    b) Educar pressupõe o desenvolvimento de técnicas de estímulo da mente humana.
    c) Deve-se estimular apenas um dos lados do cérebro.
    d) Para estimular o lado esquerdo do cérebro, o professor deve apenas levar os alunos a articularem seus interesses e pontos de vista.

2. Assinale com V (verdadeiro) ou F (falso) as afirmações a seguir:

( ) A ociosidade em sala de aula é um mal necessário, pois os alunos precisam de tempo para extravasar sua energia.

( ) O cérebro humano – órgão essencial no processo de aprendizagem – possui dois hemisférios: o direito e o esquerdo.

( ) O hemisfério esquerdo do cérebro humano é verbal e analítico.

( ) O hemisfério direito exalta a liberdade de aceitar informações ao acaso, sem se preocupar com a análise destas, detendo-se diante de uma nova ideia apenas o tempo necessário para percebê-la, sem, no entanto, interiorizá-la.

( ) O professor precisa ser amigo dos alunos e não pode usar de autoridade para advertir sobre as atitudes inadequadas; deve escutar e aceitar seu aluno sem preconceitos.

3. O professor como condutor do processo de ensino-aprendizagem, para estimular a participação de todo o grupo, deve estabelecer algumas regras, como:

I. Não permitir que se emitam julgamentos sobre as pessoas ou suas ideias.

II. Incentivar a participação de todos, pois vale mais o erro de quem participa que o silêncio dos que se omitem; quanto mais ideias, melhor.

III. Intervir mesclando combinações, melhorando ideias expostas ou ampliando sua dimensão.

IV. Não se envolver em assuntos estranhos ao conteúdo escolar.

Estão corretas:

a) I, II e IV.
b) I, III e IV.
c) I, II e III.
d) II, III e IV.

4. Assinale a alternativa **incorreta**:

a) A aula expositiva é uma ferramenta de ensino não muito agradável para os alunos.
b) É preciso dosar as formas de ensinar, simulando atividades do cotidiano do aluno e, assim, fazendo-o participar.
c) O professor deve dar oportunidade de participação efetiva aos alunos, como falar, opinar, debater, sugerir, brincar, decifrar códigos, entre outros.
d) A sala de aula não é ambiente apropriado para o uso das tecnologias, como internet, *iPod*, *video game*, pois elas comprometem o desempenho dos alunos.

5. Assinale a alternativa que melhor corresponde à afirmativa: "É impossível ao professor ensinar alguma coisa a alguém se não associar o conceito novo que traz aos conceitos espontâneos que o aluno tem" (Antunes, 2002, p. 15):

a) O professor deve sempre fazer uma sondagem do aluno para verificar o que ele sabe.
b) O professor deve se ater ao conteúdo planejado para aquele grupo de alunos.
c) A construção de novos saberes depende somente da motivação do aluno.
d) Cabe ao aluno indicar ao professor qual seu nível de aprendizado.

Atividades de aprendizagem

Questões para reflexão

1. Escreva um roteiro para apresentação da dinâmica "jogo do telefone" em uma sala de aula do ensino fundamental. Se possível, aplique com os alunos da faixa etária dessa etapa de ensino. Elabore um relatório sobre a aplicação da dinâmica.

2. Escreva um roteiro para apresentação da dinâmica "tribunal do júri" em uma sala de aula do ensino fundamental. Pense em um assunto atual e de acordo com a faixa etária dos alunos. Elabore um relatório, abordando alguns argumentos utilizados pelos alunos, contra o tema proposto ou a favor dele.

Atividade aplicada: prática

1. Elabore um plano de aula de aproximadamente 100 minutos (ou duas aulas de 50 minutos), que descreva, distribua e avalie uma atividade de estimulação do lado esquerdo do cérebro. Não se esqueça de relacionar a abordagem, quais as competências a serem desenvolvidas pelos alunos, bem como os critérios de avaliação.

Considerações finais

Gostaria de registrar que a realização desse trabalho foi extremamente gratificante. O resultado final é agora socializado com vocês, alunos do curso de Pedagogia, especificamente na área de formação de professores. Meu intuito foi colocar em suas mãos uma obra ágil, que lhes desse uma visão abrangente e, ao mesmo tempo, despertasse a sua atenção para o processo de formação dos professores em nosso país.

Acredito que se trata de um instrumento útil para os futuros educadores, que poderão, a partir dos conceitos aqui abordados, ampliar a busca pelo conhecimento, como uma forma de estarem continuamente se preparando para um trabalho educativo significativo para seus alunos e para si mesmos.

Articulei, no decorrer desta obra, o contexto histórico da educação brasileira e suas implicações na formação dos educadores. Busquei apontar caminhos trilhados, com o intuito de que sirvam como contribuição à superação de situações novas. Delimitei, na busca pela excelência na formação dos educadores, a questão da postura desses profissionais como responsáveis pela condução, pelo estímulo e pela participação na sua formação e na aprendizagem de seus alunos. Questionei conceitos enraizados e propus algumas práticas, muito embora sem a intenção de esgotá-las.

Faço minhas as palavras de Antunes (2007, p. 43), para quem não importa o que enfrentaremos no nosso dia a dia em sala de aula, mas devemos, essencialmente, como dizia Drummond, "ativar a circunstância essencial do conviver e levar aos nossos alunos, com paixão e firmeza, tudo o que agora temos."

Acredito que uma formação teoricamente sólida, aliada ao comprometimento dos professores, é a perfeição; e que esses exemplos devem ser compartilhados, pois há muitos professores atuando sozinhos. Então, é preciso que as autoridades competentes, que são responsáveis pela elaboração dos currículos e diretrizes educacionais, formulem propostas alternativas de ensino, em todos os níveis, as quais demonstrem apoio, seriedade e persistência, na busca pelo objetivo principal da educação, que é formar pessoas preparadas para o exercício da cidadania, críticos e conscientes de seu papel na sociedade.

> É urgente que se façam revisões nos programas das disciplinas pedagógicas. Se o específico da profissão é o ensino, é inadmissível que este não receba um tratamento mais condizente com as reais necessidades dos alunos. (Moysés, 1994, p. 127)

Considero a educação uma obra coletiva. Assim, os organismos oficiais e a escola devem propiciar a troca de boas experiências entre seus profissionais. Se há acertos ou erros, eles devem ser socializados.

Por fim, entendo que ser professor não se trata de vocação ou dom, mas de ter consciência de seu papel como sujeito que interage com seus alunos, estimulando e elaborando um saber sistematizado, em um processo de ensino-aprendizagem significativo, e, portanto, para toda a vida. Há saída para o fracasso escolar, basta fazermos a nossa parte.

Referências

ALMEIDA, J. S. de. Mulheres na educação: missão, vocação e destino? A feminização do magistério ao longo do século XX. In: SAVIANI, D. et al. O legado educacional do século XX no Brasil. Campinas: Autores Associados, 2004. (Coleção Educação Contemporânea).

ALVES, S. R. L. A instrução pública em Indaiatuba: 1854-1930 – contribuição para a história da educação brasileira. 2007. 200 f. Dissertação (Mestrado em Educação) – Faculdade de Educação, Universidade Estadual de Campinas, Campinas, 2007.

ANTUNES, C. O lado direito do cérebro e sua exploração em aula. 5. ed. Petrópolis: Vozes, 2007.

_____. Professor bonzinho = aluno difícil: a questão da indisciplina em sala de aula. Petrópolis: Vozes, 2002.

_____.Trabalhando habilidades: construindo ideias. São Paulo: Scipione, 2001. (Coleção Pensamento e Ação no Magistério).

ANTUNHA, H. C. G. A instrução pública no Estado de São Paulo: a reforma de 1920. São Paulo: USP, 1976. (Série Estudos e Documentos, v. 12).

ARANHA, M. L. de A.; MARTINS, M. H. P. Filosofando: introdução à filosofia. 2. ed. São Paulo: Moderna, 1993.

BETTINI, R. F. A. J. Laços tecidos no tempo: a instrução pública em Limeira. São Carlos: Rima Artes e Textos, 2000.

BLOCH, M. L. B. Apologia da história ou o ofício do historiador. Rio de Janeiro: J. Zahar, 2001.

BOTO, C. A escola primária como tema do debate político às vésperas da República. Revista Brasileira de História, São Paulo, v. 19, n. 38, 1999. Disponível em: <http://www.scielo.br/scielo.php?script=sci_arttext&pid=S0102>. Acesso em: 12 jan. 2007.

BRANDÃO, C. da F. LDB passo a passo: Lei de Diretrizes e Bases da Educação Nacional (Lei n. 9.394/1996), comentada e interpretada, artigo por artigo. 3. ed. São Paulo: Avercamp, 2007.

BRASIL. Constituição (1891). Diário Oficial da República dos Estados Unidos do Brasil, Rio de Janeiro, 24 fev. 1891. Disponível em: <http://www.planalto.gov.br/ccivil_03/Constituicao/Constituiçao91.htm>. Acesso em: 3 abr. 2010.

BRASIL. Constituição (1988). Diário Oficial da União, Poder Legislativo, Brasília, DF, 5 out. 1988. Disponível em: <http://www.planalto.gov.br/ccivil_03/constituicao/constitui%c3%A7ao.htm>. Acesso em: 3 abr. 2010.

BRASIL. Decreto 510, artigo 62, item 5º, do Governo Provisório da República, 1890.

BRASIL. Instituto Nacional de Estatística. Anuário Estatístico do Brasil. Rio de Janeiro: Tipografia do Departamento de Estatística e Publicidade, 1936. ano II.

BRASIL. Lei n. 8.069, de 13 de julho de 1990. Diário Oficial da União, Dispõe sobre o Estatuto da Criança e do Adolescente e dá outras providências. Disponível em: <http://www.planalto.gov.br/ccivil_03/Leis/L8069.htm>. Acesso em: 4 abr. 2010.

BRASIL. Lei n. 9.394, de 20 de dezembro de 1996. Ministerio da Educação. Estabelece as diretrizes e bases da educação nacional. Disponível em: <http://www.planalto.gov.br/ccivil_03/Leis/L9394.htm>. Acesso em: 3 abr. 2010.

BRASIL. Lei n. 10.172, de 9 de janeiro de 2001. Diário Oficial da União, Brasília, DF, 10 jan. 2001. Disponível em: <http://www.planalto.gov.br/ccivil_03/leis/leis_2001/10172.htm>. Acesso em: 3 abr. 2010.

BRASIL. Lei n. 11.274, de 6 de fevereiro de 2006. Diário Oficial da União, Brasília, DF, 7 fev. 2006. Disponível em: <http://www.planalto.gov.br/ccivil_03/_ato2004-2006/2006/Lei/L11274.htm>. Acesso em: 3 abr. 2010.

BRAIL. Ministério da Educação. Secretaria de Educação Fundamental. Parâmetros curriculares nacionais: Apresentação dos temas transversais. Brasília, DF, 1997. v. 8. Disponível em: <http://www.portal.mec.gov.br/seb/arquivos/pdf/ttransversais.pdf>.

CASASSUS, J. O clima emocional é essencial para haver aprendizagem. Revista Nova Escola. São Paulo, n. 218, p. 78-89, dez. 2008. Entrevista.

CORTELLA, M. S. Formação docente: recusar o pedagocídio. Reescrevendo a educação: propostas para um Brasil melhor. Disponível em: <http://www.reescrevendoaeducação.com.br/pages.php?recid=33>. Acesso em: 12 jan. 2010.

FARIA FILHO, L. M.; SOUZA, R. F. A contribuição dos estudos sobre grupos escolares para a renovação da história do ensino primário no Brasil. In: VIDAL, D. G. (Org.). Grupos escolares: cultura escolar primária e escolarização da infância no Brasil (1893-1971). Campinas: Mercado de Letras, 2006.

FAVERO, O. A educação nas constituintes brasileiras: 1823-1988. 2. ed. Campinas: Autores Associados, 2001. (Coleção Memória da Educação).

FERNANDES, F. A ciência aplicada e a educação como fatores de mudança cultural provocada. Revista Brasileira de Estudos Pedagógicos, Rio de Janeiro, v. 32, n. 75, p. 28-78, jul./set. 1959.

GLOSSÁRIO PEDAGÓGICO E-EDUCACIONAL. Escola Nova. 2007. Disponível em: <http://www.educacional.com.br/glossariopedagogico/verbete.asp?idPubWiki=9577>. Acesso em: 3 jun. 2010.

IOCHPE, G. Analfabetismo e a inviabilidade do Brasil. In: SANTOS, E. (Org.). Reescrevendo a educação: propostas para um Brasil melhor. 2006. Disponível em: <http://www.reescrevendoaeducacão.com.br/pages.php?recid=22>. Acesso em: 12 jan. 2010.

JORNAL IMPRENSA YTUANA. Itu: Imprensa Ytuana, 1876-1901.

LEAL, G. P. Formação de professores. In: SANTOS, E. (Org.). Reescrevendo a educação: propostas para um Brasil melhor. 2006. Disponível em: <http://www.reescrevendoaeducacão.com.br/pages.php?recid=32>. Acesso em: 14 jan. 2010.

LIBÂNEO, J. C. Pedagogia e pedagogos, para quê? São Paulo: Cortez, 1998.

LUNA, S. V. de. O falso conflito entre tendências metodológicas. In: FAZENDA, I. C. A. Metodologia da pesquisa educacional. 9 ed. São Paulo: Cortez, 2004.(Biblioteca da Educação, Série I: Escola, v. 11.).

MARCILIO, M. L. História da escola em São Paulo e no Brasil. São Paulo: Imprensa Oficial do Estado de São Paulo; Instituto Fernand Braudel, 2005.

MARTINS, A. R.; SANTOMAURO, B.; BIBIANO, B. Como agrupo meus alunos? Revista Nova Escola, São Paulo n. 220, p. 36-43, mar. 2009.

MENEZES, E. T. de; SANTOS, T. H. dos. Manifesto dos Pioneiros da Educação Nova (verbete). Dicionário Interativo da Educação Brasileira: EducaBrasil. São Paulo: Midiamix, 2002. Disponível em: <http://www.educabrasil.com.br/eb/dic/dicionario.asp?id=279>. Acesso em: 3 jun. 2010.

MOYSÉS, L. O desafio de saber ensinar. Campinas: Papirus, 1994.

MORAES, C. S. V. O ideário republicano e a educação: uma contribuição à história das instituições. Campinas: Mercado de Letras, 2006.

MORAES, M. C. M. de (Org.). Iluminismo às avessas: produção do conhecimento e políticas de formação docente. Rio de Janeiro: DP&A, 2003.

NAGLE, J. Educação e sociedade na primeira república. 2. ed. Rio de Janeiro: DP&A, 2001.

NÓVOA, A. O professor pesquisador e reflexivo. Cidade do Porto: Porto Ed., 1992.

_____. Profissão professor. Cidade do Porto: Porto Ed., 1995.

PISTORI, M. I. S. Os desafios na trajetória da construção do conhecimento científico: pistas e encaminhamentos para pesquisa em educação. Quaestio: Revista de Estudos de Educação, Sorocaba, v. 1, n. 1, maio 1999.

POLATO, A. Sem culpar o outro. Revista Nova Escola, São Paulo, n. 225, set. 2009.

PUJOL, A. Relatório apresentado ao Presidente do Estado de São Paulo, pelo Secretário de Estado dos Negócios do Interior e Instrução Pública: 30 de março de 1896. São Paulo: Typographia do Diário Official, 1896.

RAMOS, T. A. Formação de professores e qualidade de ensino. 2007. 59 f. Monografia (Pós-graduação em Direito Educacional) – Faculdade de Educação São Luis, Jaboticabal, 2007.

REIS FILHO, C. dos. A educação e a ilusão liberal: origens do ensino público paulista. Campinas: Autores Associados, 1995. (Coleção Memória da Educação).

_____. Índice básico da legislação do ensino paulista: 1890-1945. Campinas: FE/ Gráfica Central/ Unicamp, 1998.

RIBEIRO, M. L. S. História da educação brasileira: a organização escolar. 17. ed. Campinas: Autores Associados, 2001. (Coleção Memória da Educação).

Rio de Janeiro. Prefeitura Municipal. Secretaria Municipal da Fazenda. A enfiteuse no município do Rio de Janeiro. Disponível em: <http://www.rio.rj.gov.br/web/smf/exibeConteudo?article-id=179789>. Acesso em: 3 jun. 2010.

RIOS, T. A. Compreender e ensinar: por uma docência da melhor qualidade. 7. ed. São Paulo: Cortez, 2008.

ROMANELLI, O. de O. História da educação no Brasil. 15. ed. Petrópolis: Vozes, 1993.

ROSSINI, M. A. S. Aprender tem que ser gostoso. Petrópolis: Vozes, 2003.

SÃO PAULO (Cidade). Lei n. 81, de 6 de abril de 1887. Assembleia Legislativa do Estado de São Paulo. Secretaria Geral Parlamentar. Disponível em: <http://www.al.sp.gov.br/repositorio/legislacao/lei/1876/lei%20n.80,%20de%20 03.04.1876.html>. Acesso em: 3 abr. 2010.

_____. Lei n. 81, de 6 de abril de 1887. Cria o Conselho Superior de instrução pública. Colleção de Leis e Posturas Municipaes promulgadas pela Assembleia Provincial de São Paulo. São Paulo: Typographia do Correio Paulistano, 1887.

SÃO PAULO (Estado). Decreto n. 1.216, de 17 de abril de 1904. Aprova o regimento interno dos grupos escolares e das escolas-modelo. Livro de decretos relativos à instrução pública. Secretaria do Interior. 2ª subseção. 1849-1905. (Ordem E 07759).

_____. Decreto n. 2.005, de 13 de fevereiro de 1911. Estabelece o programa para as escolas isoladas. Acervo Arquivo de Estado de São Paulo. Consulta em: fev. 2006.

_____. Decreto n. 248, de 26 de julho de 1894. Aprova o regimento interno das escolas públicas. Livro de decretos relativos à instrução pública. Secretaria do Interior. 2ª subseção. 1849-1905. (Ordem E 07759).

_____. Decreto n. 58, de 11 de junho de 1890. Suprime os empregos de secretários dos conselhos municipais de educação. Livro de decretos relativos à instrução pública. Secretaria do Interior. 2ª sub seção. 1849-1905. (Ordem E 07759).

SÃO PAULO (Estado). Lei n. 1.258, de 29 de setembro de 1911. Cria diversas escolas preliminares. Acervo Arquivo de Estado de São Paulo. Consulta em: fev. 2006.

_____. Lei n. 1.750, de 8 de dezembro 1920. Reforma a Instrução Publica. Acervo Arquivo de Estado de São Paulo. Consulta em: fev. 2006.

_____. Lei n. 2.095, de 24 de dezembro 1925. Dispõe sobre a preservação do ensino patriótico. Acervo Arquivo de Estado de São Paulo. Consulta em: fev. 2006.

SÃO PAULO (Estado). Lei n. 842, de 6 de outubro de 1902. Equipara os professores adjuntos de escolas isoladas e de grupos escolares aos diplomados, quanto à remoção. Livro de decretos relativos à instrução pública. Secretaria do Interior. 2ª subseção. 1849-1905. (Ordem E 07759).

SÃO PAULO (Estado). Lei n. 854, de 14 de novembro de 1902. Equipara os professores preliminares normalistas, com curso de três anos, aos professores complementares. Livro de decretos relativos à instrução pública. Secretaria do Interior. 2ª subseção. 1849-1905. (Ordem E 07759).

SAVIANI, D. et al. O legado educacional do século XX no Brasil. Campinas: Autores associados, 2004. (Coleção Educação Contemporânea).

SCHUELER, A. F. M. de. Crianças e escolas na passagem do Império para a República. Revista Brasileira de História, São Paulo, v. 19, n. 37, 1999. Disponível em: <http://www.scielo.br/scielo.php>. Acesso: 30 jan. 2007.

SINGER, P. O Brasil no contexto do capitalismo internacional. 1989-1930. In: FAUSTO, B. (Org.). O Brasil republicano. 5. ed. Rio de Janeiro: Bertrand Brasil, 1989. (Coleção História Geral da Civilização Brasileira, tomo III, v. 1).

SOARES, M. T. M. O impacto da industrialização no sistema educacional de municípios agrários: a trajetória de Paulínia. 2004. 219 f. Dissertação (Mestrado em Educação) – Universidade Estadual de Campinas, 2004.

SOUZA, R. F. de. O direito à educação: lutas populares pela educação em Campinas. Campinas: Ed. da Unicamp, 1998a. (Coleção Campiniana, v. 18).

_____. Templos de civilização: a implantação da escola primária graduada no Estado de São Paulo (1890-1910). São Paulo: Ed. da Unesp, 1998b.

VICHESSI, B. Indisciplina: o que é, e o que não parece ser, mas não é. Revista Nova Escola, São Paulo, n. 226, p. 78-89, out. 2009.

VIDAL, D. G. (Org.). Grupos escolares: cultura escolar primária e escolarização da infância no Brasil (1893-1971). Campinas: Mercado de Letras, 2006.

VYGOTSKY, L. S. A formação social da mente. São Paulo: M. Fontes, 1987.

_____. Pensamento e linguagem. São Paulo: M. Fontes, 1984.

_____. Pensamento e linguagem. Tradução de J. L. Camargo. São Paulo: M. Fontes, 1987.

Bibliografia comentada

MORAES, M. C. M. (Org.). Iluminismo às avessas: produção do conhecimento e políticas de formação docente. Rio de Janeiro: DP&A, 2003.

Trata-se de uma análise das políticas de formação docente nos anos 1990, por meio do exame de documentos oficiais, nacionais e internacionais relativos à área. Enfatiza a importância da formação docente para o desenvolvimento da sociedade e aborda a formação docente desprovida de uma teoria, bem como suas consequências para a formação do cidadão crítico e atuante.

MOYSÉS, L. O desafio de saber ensinar. Campinas: Papirus, 1994.

Esse livro aborda, de maneira simples e direta, a ansiedade da autora com uma formação tecnicista e a pretensa neutralidade dos futuros educadores com os quais trabalhava. Partindo dessa premissa, apresenta o resultado de uma pesquisa realizada com professores de escolas públicas do ensino fundamental, que, apesar das deficiências comuns, conseguiam fazer com que seus alunos avançassem na compreensão do que lhes era transmitido.

RIBEIRO, M. L. S. História da educação brasileira: a organização escolar. 17. ed. Campinas: Autores Associados, 2001.

Esse livro é uma referência para os alunos que desejam aprofundar os estudos sobre a história da educação brasileira, desde a época da colônia (1549) até o início dos anos 1960 (especificamente, 1963), numa perspectiva econômica, política e social. Sua primeira edição data de 1978, estando em sua 17ª edição sem perder sua atualidade e relevância.

RIOS, T. A. Compreender e ensinar: por uma docência da melhor qualidade. 7. ed. São Paulo: Cortez, 2008.

Esse livro, de acordo com a autora, representa uma contribuição à formação e ao desenvolvimento de uma prática docente da melhor qualidade, tendo como fio condutor a ética. A questão da qualidade permeia o trabalho, como mola propulsora de uma educação voltada à democratização do ensino-aprendizagem.

SAVIANI, D. et al. O legado educacional do século XX no Brasil. Campinas: Autores associados, 2004. (Coleção Educação Contemporânea).

Esse livro evoca um balanço da educação no Brasil no século XX. Escrito por diversos autores, aborda temas como a feminização do magistério, os grupos escolares, os métodos de ensino e a política educacional. É um livro essencial para a formação do professor, por remeter o leitor à busca de outras leituras, apontando perspectivas para o futuro da educação brasileira.

Respostas

Capítulo 1

Atividades de autoavaliação

1. b
2. a
3. V, F, V, F, V
4. c
5. b

Atividades de aprendizagem

Questões para reflexão

1. O propósito dessa atividade é avaliar o conhecimento que as pessoas comuns têm sobre a legislação educacional brasileira, bem como verificar sua memória histórica, demonstrando sua seletividade.
2. Ao elaborar um quadro com o índice de analfabetismo no Brasil entre 1970 e 1990, o aluno poderá, ao analisar os números, perceber que houve uma alteração. No

entanto, uma análise mais aprofundada mostrará que ainda é grande o analfabetismo funcional, ou seja, aquele aluno que sabe ler, mas não entende o que lê.

Capítulo 2

Atividades de autoavaliação

1. a
2. c
3. c
4. V, V, F, V, F
5. d

Atividades de aprendizagem

Questões para reflexão

1. O aluno deverá elaborar um quadro com a legislação educacional do seu estado, verificando avanços e retrocessos, e compará-lo com a legislação disponível nesta obra sobre o Estado de São Paulo. O propósito é estimular o aluno a construir o hábito de consultar, conhecer e entender a legislação educacional como uma aliada à sua prática pedagógica.
2. Ao entrevistar profissionais ligados à educação, indagando sobre a questão da feminização do magistério, o aluno refletirá sobre essa questão, percebendo que ela ainda é latente nos dias atuais.

Capítulo 3

Atividades de autoavaliação

1. d
2. a

3. c
4. F, V, V, F
5. b

Atividades de aprendizagem

Questões para reflexão

1. Ao verificar, na prática, a elaboração dos combinados com uma turma, o aluno da Pedagogia terá oportunidade de entender as relações entre professores e alunos, bem como a atitude de respeito que deve estar presente.
2. O tema proposto – *bullyng* – consiste no termo inglês utilizado para descrever atitudes de agressão física ou psicológica a um indivíduo, e que é uma prática na infância em várias culturas, deve ser do conhecimento dos educadores para que sejam elaboradas estratégias que evitem essas atitudes no ambiente escolar.

Capítulo 4

Atividades de autoavaliação

1. b
2. F, V, V, V, F.
3. c
4. d
5. a

Atividades de aprendizagem

Questões para reflexão

1. Esta é uma atividade verbal que desperta o interesse dos alunos e, ainda, ajuda na manutenção da disciplina. A

tarefa que cabe aos grupos é criar um diálogo lógico, estimulando os hemisférios esquerdo e direito do cérebro, ao explorar sua integralidade, intuição e síntese coerente.

2. Atividade de estimulação do cérebro. Tem por objetivo levar os alunos a pensarem e a elaborarem ideias de defesa ou contrárias ao tema proposto pelo professor.

Sobre a autora

Silvane Rodrigues Leite Alves é mestre em Educação (2007) nas áreas de história, filosofia e educação pela Faculdade de Educação da Universidade Estadual de Campinas (Unicamp). Desenvolveu sua pesquisa de mestrado sobre a instituição dos grupos escolares no Brasil, mais especificamente no interior do Estado de São Paulo, no período de 1854 a 1930. É licenciada em História pela Pontifícia Universidade Católica de Campinas (PUC-Campinas) e em Pedagogia pelo Centro Universitário de Araras Dr. Edmundo Ulson (Unar). Atua como funcionária da Secretaria Municipal de Educação de Indaiatuba (SP) há 16 anos, onde participou, entre 2002 e 2006, do projeto Potencialização da Autonomia da Gestão Escolar Municipal, subprojeto 5 – Levantamentos históricos sobre a rede municipal de ensino. Atualmente, é responsável pela gestão de uma unidade escolar (creche) em Indaiatuba e professora da rede municipal e particular de ensino dessa cidade. É também tutora de EaD na graduação em Pedagogia da Faculdade Internacional de Curitiba (Facinter).

Os papéis utilizados neste livro, certificados por instituições ambientais competentes, são recicláveis, provenientes de fontes renováveis e, portanto, um meio responsável e natural de informação e conhecimento.

FSC
www.fsc.org
MISTO
Papel produzido a partir de fontes responsáveis
FSC® C103535

Impressão: Reproset
Novembro/2017

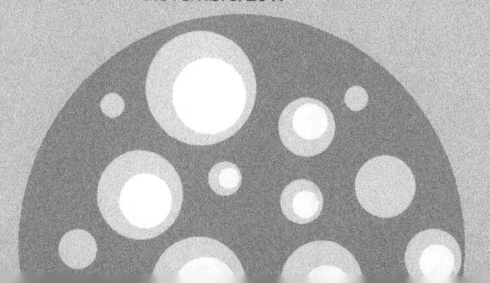